HENRI DE NOUSSANNE

LA GUERRE DANS L'ILE-DE-FRANCE

JOURNAL
D'UN
BOURGEOIS DE SENLIS

PARIS
E. DE BOCCARD, ÉDITEUR
4, RUE LE GOFF, 4

1916

JOURNAL

D'UN

BOURGEOIS DE SENLIS

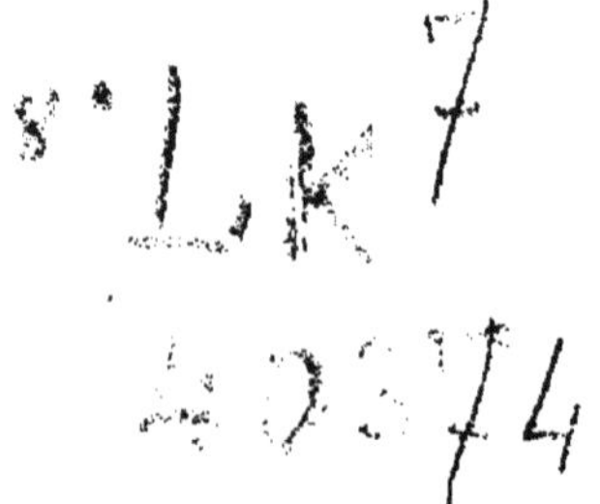

HENRI DE NOUSSANNE

LA GUERRE DANS L'ILE-DE-FRANCE

JOURNAL

D'UN

BOURGEOIS DE SENLIS

PARIS

E. DE BOCCARD, ÉDITEUR

4, RUE LE GOFF, 4

1916

Je n'ai pas commencé ce journal dans l'intention arrêtée de le publier. Je songeais plutôt à noter des impressions, remarques et idées, utiles, par la suite, à des travaux plus ordonnés. Le titre de *Journal d'un Bourgeois de Senlis* m'a servi lorsqu'afin de contribuer à mettre en lumière l'abominable conduite des Allemands dans l'Ile-de-France, j'ai fait paraître, au *Correspondant*, les informations et documents que j'avais rassemblés sur leurs crimes à Senlis. Entre temps, j'avais continué de rédiger, au jour le jour, les réflexions que m'inspiraient les événements de la guerre. Mais, au début de 1915, plus rien de particulier ne s'offrait à mon observation dans ma petite ville dont le

JOURNAL D'UN BOURGEOIS DE SENLIS

1914

Senlis, 2 août 1914.

Extrait du *Temps* : « *Les Allemands sont entrés, ce matin, en France, par le Luxembourg... On entend le canon du côté de Longwy.* »

Jusqu'à ce soir, dimanche, premier jour de la mobilisation française, certains doutaient encore — doutaient devant l'évidence. Avant-hier, à Spa, où je villégiaturais, la mobilisation totale de l'armée belge, l'arrêt des trains internationaux, l'échec confirmé des négociations diplomatiques, toutes ces nouvelles dessinaient la réalité tragique du conflit que la raison voulait croire impossible. Maintenant, plus de doute. Le feu est à l'Europe. L'incendie, mis à Belgrade par l'Autriche, s'étend sur le continent européen. L'opinion universelle accuse l'Empereur allemand d'être la main cachée qui a jeté le brandon enflammé. Il a voulu d'un embrasement général. Dix-huit millions d'hommes sont en armes.

Musicien, pasteur, financier, diplomate, poète, sportsman, orateur, général, économiste, sculpteur, amiral, agriculteur, peintre, chef d'orchestre et chef d'armée, Néron monte à cheval pour voir flamber le monde. *Qualis Artifex !*

Il faudra que cet artiste prononce le « *pereo* » fatal. Il n'y aurait pas de Dieu, il n'y aurait plus de justice finale, si Guillaume II ne trouvait pas sa fin dans l'aventure barbare où il jette les nations civilisées.

*
* *

... *On entend le canon du côté de Longwy...*

Cette dépêche du *Temps* éveille en moi des échos tumultueux.

Il y a trois jours, à une heure avancée de la nuit, je me promenais sous les arbres de Spa, en compagnie d'un ami. Nous récapitulions les faits : ceux de provocation suivis, immédiatement, de ceux de mobilisation en Autriche et en Allemagne ; la Russie, lente ; la France, divisée ; l'Angleterre, incertaine ; l'Italie, énigmatique... Et en nous, aucune crainte ! Au contraire, un même instinct de victoire, une même vision du désastre germanique, aboutissant à une Allemagne nouvelle, qui retrouvera ses destinées dans la famille européenne, enfin délivrée du caporalisme prussien.

Le lendemain, à Bruxelles, je prenais le rapide de 18 h. 15. Il partait comme à l'ordinaire. Peu de monde dans les wagons. La gare pleine de Belges enfiévrés. Sur le quai, une compagnie de grenadiers, en tenue de campagne. A partir de Mons, le train va moins vite. On n'aperçoit pas de soldats en uniforme ; la voie ne semble pas encore gardée, mais les mobilisés sont nombreux. Ils crient : « Vive la France ! » au passage du train. Sur les ponts qui dominent la ligne, des femmes, des vieillards, des enfants se sont groupés. Ordinairement, ces braves gens ne s'occupent pas du convoi qui passe. Ce soir, ils font des signes d'amitié.

A Quévy, grosse émotion : la mobilisation générale est ordonnée en France. Je lis l'affiche apposée dans la salle de distribution des billets :

ORDRE DE MOBILISATION GÉNÉRALE...

Je me sens brusquement pris à la gorge par l'oppression. Les deux drapeaux tricolores entrecroisés s'obscurcissent à mes yeux. Je lis quand même.

Eh bien ! ça y est. Cette histoire est de l'Histoire. Nous entrons dans l'inconnu. La comédie de la vie fait place à la tragédie de la mort. Une heure sonne que la France attendait depuis quarante-quatre années. Je l'écoute sonner.

Autour du train, à la douane, émotion, enthousiasme, pas de cris. Les douaniers ont l'air heureux. Le personnel du wagon-restaurant est sur le quai. Le cuisinier, joli type de Parisien de vingt-cinq ans, débrouillard et solide, s'exclame, la toque en bataille :

— On va te leur en faire de la cuisine internationale... Moi, demain matin, je suis, à 9 heures, à l'École militaire.

A Saint-Quentin, la gare est déjà militarisée. Les mobilisés sont des centaines. Quatre ou cinq, échauffés par des libations patriotiques, chantent, assis sur un chariot à bagages :

Marchons, marchons,
Mort aux ennemis de la France.

Les autres n'y prennent garde, indulgents. Ils causent entre eux, posément. Aucune tristesse, une tenue ferme, une assurance réfléchie qui met le comble à mon émoi.

Mon train repart, plein à éclater. Nous sommes trente dans le wagon-couloir. Il n'est plus question de rang, de condition, de billet. Il y a de tout dans ce wagon : des *boys scouts* qui reviennent d'une excursion en Belgique ; des dames de la Croix-Rouge qui se précipitent vers Paris pour être les premières aux ambulances ; des officiers regagnant leur corps, et des civils, artisans ou bourgeois, dans lesquels, demain matin, il n'y aura plus que des soldats. D'un bout à l'autre du compartiment, la confiance est absolue, le calme réel, la crainte nulle, et plus d'un ne reverra pas ce qu'il vient de quitter !

3 août.

Ma petite ville garde son calme. Sur la place de la Gare se fait, dès le matin, la réquisition des chevaux et voitures. Les conducteurs, étendus sur l'herbe, à l'ombre, sous les arbres, suivent placidement du regard, les opérations de la Commission installée sous une tente, près du « Travail » des pompiers. Les cavaliers présentent les bêtes, bridon en main. Celles qui attendent leur tour, au piquet ou au bout du licol que tient leur gardien, happent, de-ci de-là, un peu de maigre verdure. Les habitants, venus en spectateurs, ne sont pas nombreux. Ils regardent et ne disent mot. Seuls, quatre jeunes gens forment un groupe animé, occupé à discuter. Ce sont des ouvriers. Ils s'éloignent et passent près de moi.

— On va leur-z-y dire que ça ne comptera pas pour le congé. On part seulement pour la durée de la guerre.

Quatre engagés. Braves cœurs !

L'après-midi, pas de nouvelles. Plus rien ne nous arrive. Je pars pour Paris, en automobile. Les trains ne sont accessibles qu'aux militaires. Je croise des voitures qui fuient la capitale. Elles sont chargées de malles.

Sur le pas des portes, à la traversée des villages, force gens qui, ordinairement, ne se détournaient pas de leur besogne, semblent vivre, aujourd'hui, de la vie du chemin et ne pouvoir quitter leur seuil. Ils attendent. Quoi ? Ils ne savent. Des nouvelles, assurément ; et au passage de chaque voiture, leur imagination travaille.

La campagne est belle et paisible. Les blés mûrs ondulent, caressés par le vent. Qui fera la moisson?

*
* *

Saint-Denis. Tout un peuple dans la longue rue qu'il faut suivre pour gagner Paris. L'auto va d'obstacle en obstacle. Partout des femmes groupées commentent un incident que révèlent, un peu plus loin, une devanture de boutique enfoncée, une enseigne arrachée, un intérieur dévasté. Des magasins d'alimentation, soupçonnés d'être allemands, ont été pillés et détruits.

L'avenue de la Chapelle est sillonnée de tramways, de tombereaux et de taxis. J'aperçois encore des boutiques en miettes. La foule a joint des innocents aux coupables. Pour parer à ses coups funestes, s'effacent déjà les noms d'apparence germanique. L'indication : « maison française, » « le patron est sous les drapeaux » s'affiche aux devantures.

On ne travaille plus ou à peine. Dans les rues qui ne sont pas des artères principales, l'apparence est d'un dimanche où les gens ne seraient pas encore endimanchés.

Aux abords de la gare du Nord, des milliers de mobilisés attendent l'heure du départ. Point d'ivrognes, peu de bruit. De la gaieté, pas d'éclat; des visages décidés, nulle angoisse. Les femmes sourient. S'il y en a qui pleurent, elles se cachent. Les adieux sont brefs. Aucun drame. Attitude étonnante et dont le caractère soutenu révèle un état national nouveau, un changement de la mentalité française, plus avertie du devoir, plus unie dans le péril.

Paris, 4 août.

Je rencontre un ami. Son fils a rejoint, le matin même, à Fontainebleau.

— Ma femme et moi, nous avons embrassé

notre fils comme si nous ne devions plus le revoir...

On ne trouve que des gens héroïques et tranquilles. Ils tiennent d'avance les Allemands pour écrasés. Le *Quos vult perdere*... ne les domine-t-il pas ? Dès le début, leurs actes sont ceux de bandits furieux. Le ministre de la Guerre annonce qu'ils viennent de fusiller Alexis Samain, à Metz (1).

Cet héroïque Samain, je l'ai vu, chez lui, avec son frère, dans l'arrière-salle de leur magasin de vente de tabacs. Nous avons bu ensemble du vin de Lorraine et parlé de la délivrance du pays annexé. Samain tombe le premier en holocauste. Cet assassinat a un sens, comme celui de M. Jaurès, enterré ce matin, sans désordre, en a un...

Quel va être le sort de l'abbé Wetterlé, à Colmar, entre sa mère et sa tante, deux bonnes vieilles dames, dans ce couvent des sœurs de Niederbronn, où elles firent, tant

(1) On a su, ensuite, que Samain était vivant, mais prisonnier.

de fois, à des amis de France, un si touchant accueil ?

De quels sentiments doivent être animées, à cette heure, les âmes alsaciennes ? Et les soldats français, qui entreront les premiers en Alsace, que ne penseront-ils pas ? Heureux ceux qui vivront ces heures, si chèrement payées qu'elles puissent être. Mais souhaitons que nos obus épargnent les demeures des autochtones, au pays annexé, et détruisent seulement les édifices allemands. La gare pour Chevaliers Teutoniques, édifiée à Colmar, la poste-forteresse, sa voisine, tant d'autres constructions du mauvais goût germanique déshonorent, aujourd'hui, la rive celto-latine du Rhin.

*
* *

Les Allemands joignent aisément le ridicule à l'odieux. Leur lettre de rupture officielle est un chef-d'œuvre de sottise. Le Président du Conseil s'est fait un plaisir de la lire à la Chambre rappelée pour voter les crédits nécessaires à la guerre. Séance mémorable ; prodige de dignité dans l'union, coupé, par moments, d'explosions de patriotisme, où tous les partis confondus formaient, enfin, le véritable *bloc* national. On n'a eu que des sourires pour la lettre d'adieu de l'ambassadeur d'Allemagne, M. de Schœn.

J'ai aperçu ce diplomate, quand il n'était encore que le baron Schœn, ambassadeur d'Allemagne à Saint-Pétersbourg. Je l'ai vu, au cours d'une soirée, à la Wilhelmstrasse, chez le prince de Bulow, alors chancelier. On l'entourait de salamalecs. Il avait l'air aimable et fin. Point grand, le teint coloré, l'œil bleu, la bouche souriante, tout de l'homme qui sait plaire. Nulle servilité dans le salut, ce qui est rare chez l'Allemand qui veut être distingué ; nulle raideur non plus.

M. de Schœn voyait les choses de Paris et était obligé de les raisonner de Berlin. On assure qu'il redoutait l'abîme où la Prusse a conduit l'Allemagne.

La France officielle est au niveau des circonstances : le Président de la République a trouvé l'expression parfaite de la pensée nationale : son message est excellent. M. Poincaré a pu avoir des ennemis; il n'a même plus d'adversaires. M. Clemenceau, capable de bien penser, dès qu'il pense à la France, a cessé d'être hostile à l'hôte de l'Élysée. C'est un miracle. Mais le plus étonnant ce n'est pas cela; ce n'est même pas que le Sénat soit superbe, à l'image de la Chambre, et que M. Deschanel exalte M. Jaurès; le plus étonnant, dans cette aventure, c'est M. Viviani, président du Conseil. Cet extincteur d'étoiles est devenu un allumeur de flambeaux. Le brandon de la discorde se transmue en ses mains en une flamme de lumière qui, dans la nuit sanglante où l'Allemagne jette l'Europe, trace le chemin du devoir et annonce l'aube de la victoire.

5 août.

Point de nouvelles décisives de la frontière; mais, en Europe, le feu s'étend. La

Belgique se déclare prête à repousser l'Allemand par les armes, s'il viole sa neutralité menacée. On reste sceptique. Quel vent d'héroïsme souffle de la Meuse? Quoi! la Belgique voudrait résister sérieusement? Nos amis belges tirent le glaive. Tel que nous connaissons si bénévole, quoique ou parce que colonel de la Garde civique, va se battre? Et tel autre, bon vivant, sénateur et notaire royal, est réellement prêt à vaincre ou à mourir?

L'esprit souffle où il veut; mais qui l'eût dit?

Le roi Albert adresse à son Parlement et à son peuple des proclamations enflammées. Les Allemands n'en croient pas leurs yeux. Tant qu'ils ne recevront pas d'obus, ils diront : « C'est une *zwance!* »

Patience! mais rien que pour ce beau geste, les cœurs français battent plus fort et aiment davantage la Belgique, trop souvent méconnue.

Du côté de l'Angleterre, branle-bas de combat. La guerre contre l'Allemagne est officiellement déclarée. Le festin sera complet. La mer et la terre auront, l'une et l'autre, leur proie.

Il est temps que l'Angleterre se sauve. Elle était perdue sans cette guerre. Le tonnage de Hambourg, en vingt-cinq ans, a augmenté de six cents pour cent, et Anvers devenait un port allemand, face à Londres.

Quel va être l'état d'âme des Germains raisonnables, — s'il en reste — et qui ont secondé l'effort de leur gouvernement sur les eaux? Plus de flotte marchande. L'Angleterre, la France, la Russie, la Belgique, sans parler du Japon, qui semble aussi vouloir se mettre à table, vont courir sus aux bateaux germaniques, presque sans abri, sans points d'appui dans le monde, et, fatalement, condamnés à être pris ou à ne plus quitter leurs ports de refuge. Que de millions perdus pour l'Allemagne! Quel outillage supprimé! Où se revancher d'un tel désastre? Sur la France, la Belgique, la Russie, l'Angleterre, finalement anéanties par Guillaume II, chef d'orchestre!

Cette prétention serait bouffonne, si du masque de la comédie, le sang, cette fois, ne jaillissait à flots.

Senlis, 6 août.

Les Allemands sont repoussés devant Liége. L'ennemi a perdu des milliers d'hommes. Allégresse en France, émotion, reconnaissance. Tous ceux d'entre nous qui connaissent des sujets du roi Albert leur écrivent ou leur télégraphient.

*
* *

Ma petite ville continue son organisation de secours. On transforme le collège en hôpital. Chacun y met la main. La sœur infirmière-major est une jeune femme, l'air doux, réfléchi, distingué. Les aides ont plus de bonne volonté que d'expérience. Ce sont, pour la plupart, des jeunes filles charmantes. Leur dévouement est d'une souriante impatience. Elles voudraient avoir déjà des blessés à soigner. Elles s'illusionnent sur la guerre...

De pareils moments font découvrir les trésors de tendresse de l'âme féminine. Comment analyser, mesurer tout ce qui se dépense ainsi, dans la France entière, d'amour du prochain et de goût du sacrifice? Nul autre pays ne sait si bien aimer.

7 août.

Les Belges dépassent Ajax, Achille, tous les héros promus au rang des dieux. Les Allemands reculent devant eux. La République décore Liége de la Légion d'honneur. On est impatient de lire le récit du siège, tel que l'écrira le grand historien Pirenne, honneur de la Belgique.

Les Anglais accourent à la rescousse.

*
* *

La France se garde des espions. Ce matin, à 6 heures, je suis parti en auto, vers Reims, pour la Croix Rouge, avec un ami.

Tous les deux ou trois kilomètres, aux passages à niveau, à la traversée des villages : barrières, gardes, gendarmes, fusils et gourdins.

— Montrez vos papiers !

Le contrôle est rigoureux et, ça et là, touchant.

Au retour, nous évitons la route nationale et prenons par des chemins de communication. Nous tombons alors sur des postes d'opérette, qui interprètent le règlement, tantôt avec bonhomie, tantôt avec férocité. Un cantonnier qui tient une fourche, comme Lucifer au sombre séjour, garde à lui seul l'entrée d'un hameau, au-dessus de la Fère-en-Tardenois. Cette sentinelle solitaire et satanique, qu'un ennemi véritable pourrait « brûler » de toute façon, nous impose un interrogatoire de juge d'instruction. Un peu plus loin, à la sortie d'un bourg où nul ne nous a fait obstacle, un vieillard court derrière l'auto, en agitant une main tremblante. Il halète. Il essaye d'articuler des mots qui ne parviennent pas à nos oreilles. Nous nous arrêtons charitablement. Il vient, en chancelant, jusqu'à la voiture, s'y appuie pour reprendre haleine. C'est très long. Enfin, il murmure, expirant :

— Vos papiers ?...

— Quoi ?

— N'êtes-vous pas des Austro-Allemands ?...

Pauvre homme ! Son dernier souffle est pour la Patrie.

Afin de tenir ces braves gens en éveil, l'autorité militaire et la police lancent des avis de passage de voitures d'espions, chargées de mélinite. Il pourrait en venir ; il en est venu.

8 août.

Le calme de la vie provinciale dans la vibration émue des nouvelles de Belgique et d'Alsace d'où vient une rumeur de victoire... Est-ce vrai ?

9 août.

C'est vrai ! De Belfort, nous sommes allés à Mulhouse, après avoir enlevé Altkirch à la baïonnette. Préface d'épopée.

Altkirch ! J'y étais, l'an passé, au cœur de la saison chaude. J'ai suivi la route plantée de cerisiers qui va de la petite ville au village où Henner naquit. J'ai goûté l'intimité de la campagne alsacienne, par un clair et brûlant matin d'épanouissement de la nature. Je garde le souvenir d'une vierge rustique, au creux d'un arbre, près du pays de Henner, à deux cents mètres du monument élevé à sa gloire. J'avais erré mélancoliquement dans Altkirch jusqu'à l'instant où je m'étais enquis d'une voiture, dans un café. Les Alsaciens qui devisaient entre eux, en parlant le dialecte d'Alsace, me dévisageaient du coin de l'œil. A peine avais-je prononcé deux paroles en français, que leurs physionomies s'éclairèrent de contentement. Cinq minutes plus tard, un équipage piaffait à la porte et tout le monde me mettait en voiture.

— Bonne promenade !

Les voilà redevenus français, les bons habitants d'Altkirch ! Ils ont reçu le baptême de leur nationalité retrouvée, dans le baptême du feu donné de nouveau à l'Alsace.

Le feu purifie tout.

10 août.

On ne sait que faire. On attend des nouvelles. Rien d'important à la frontière. Les journaux développent le thème de la résurrection de la France en Alsace. Les Français n'ont aujourd'hui qu'un nom sur les lèvres, fleuri soudain du cœur : Mulhouse !

Zislin doit être rayonnant ou mort. Rayonnant s'il a pu, à temps, sortir d'Alsace; mort, si les Allemands ont mis la main sur lui, car avec Hansi, l'abbé Wetterlé et le docteur Bucher, de Strasbourg (1), — sans

(1) On l'a su plus tard : tous ont pu, à temps, quitter l'Alsace.

parler de beaucoup d'autres héros de la fidélité à la France — il a frappé de terribles coups le monstre germanique. Son *Dur's Elsass*, composé, chaque semaine, à Mulhouse, reporté directement sur pierre par lui-même, à Bâle, d'où le numéro, partait aussitôt tiré, fut pour l'Allemagne le supplice hebdomadaire du fouet, pendant des années. Et tous les gendarmes et procureurs pangermains n'ont pu faire reculer le pamphlétaire d'une semelle.

Comment la France pourra-t-elle reconnaître le prix des dévouements alsaciens ?

Paris, 11 août.

On attend toujours... Le peuple est calme. Il se contente du récit des escarmouches aux avant-postes. Les journaux enseignent la sagesse. Une grande bataille se prépare, disent-ils. C'est une façon de parler. L'action prend tant de développement qu'elle impose des actions diverses, que la volonté du haut commandement peut coordonner, mais où chaque commandant d'armée a sa liberté de mouvement.

Où sont nos troupes et que font-elles ? On ne le sait pas exactement. On a des indications partielles sur des engagements, prélude de l'action générale. C'est assez. Chacun a confiance. Ce phénomène de foi sert de thème quotidien aux journaux, qui le constatent avec enthousiasme et le fortifient de leur admiration.

Paris ne manque de rien, matériellement. Les provisions abondent, et les enfants et les mères dont les soutiens sont aux armées, reçoivent les secours de la solidarité humaine. L'état de siège n'apporte pas de contrainte excessive à la vie parisienne. Il faut que les cafés et restaurants soient clos avant neuf heures ; les transports en commun se trouvent réduits ; mais le public en prend son parti. La France vit d'espérance et attend de la victoire les réparations qu'elle rêve.

*
* *

Sortir de Paris, même simplement en chemin de fer, exige un sauf-conduit. Il faut comparaître devant un commissaire, signer un papier dont la teneur est transcrite sur un registre de contrôle, et, muni du laissez-passer de rigueur, on regagne son logis provincial. Pour Senlis, le voyage est ordinairement d'une heure. Nous mettons, à présent, trois heures et demie. On a le temps de vérifier que les voies sont gardées par des vétérans aux pittoresques silhouettes.

Le soir vient, illuminé de la poupre flamboyante d'un crépuscule radieux. Le soleil descend dans la paix d'un occident lumineux, tandis qu'à l'orient, dans la nuit claire qui commence, le combat nocturne se prépare, après l'accalmie imposée par la chaleur du jour.

Senlis, 12 août.

Ma petite ville prie. En attendant que les blessés arrivent dans nos hôpitaux, les âmes charitables implorent, avec une ferveur renouvelée, le Dieu de justice et de miséricorde.

A 6 heures, chaque soir la cathédrale est pleine de fidèles; des gens qui n'allaient jamais à l'église, assistent, aujourd'hui, à ces pieuses assemblées. Le vénérable curé monte en chaire, récite des oraisons; l'assistance répond, puis reçoit la bénédiction du Saint-Sacrement. Auparavant, elle écoute une allocution du pasteur. Il résume les nouvelles officielles et met en garde contre les faux bruits; il réconforte les cœurs faibles, excite les forts et recommande à tous de ne pas penser à leurs angoisses personnelles, mais de les fondre dans celles de la Patrie, notre commune mère.

13 août.

L'idée dont mon esprit est le plus occupé dans ces jours de poignante attente, est que cette guerre tient du miracle.

L'homme cherche éternellement à entrevoir l'Irréel, l'Impondérable, le Merveilleux, et ensuite le Dieu même qui commande au mystère.

Cette fois, nous sommes en plein prodige. Ce n'est pas une main humaine qui a tiré du fourreau l'épée de justice opposée à l'arme du crime. La main de celui qui va être vainqueur est dans une autre main. Aucune volonté terrestre n'est ici en action personnelle et directe. Chacun cède à des lois profondes et qui sont celles de l'équilibre des mondes et de la justice finale.

Chaque félonie, menace, injure, trahison de l'Allemagne prussienne, s'est inscrite quelque part, sur un livre invisible où, pourtant, tout s'écrit et où rien ne s'efface avant le jour fatal du règlement.

Nul homme n'est vaniteux, menteur, hypocrite, voleur, sanguinaire, sans que, à un moment donné, il n'expie, ou, à son défaut, ses descendants, en qui les crimes des pères coupables mettent une tare vengeresse. Loi effroyable, loi immuable, que nous avons peine à comprendre, ne sachant pas voir au delà de nous-mêmes. Cette loi est pourtant aussi absolue qu'évidente, aussi applicable et appliquée aux peuples qu'aux individus. Le Prussien s'y trouve soumis comme les autres créatures. Il complotait, il offensait, il injuriait, il volait, il rêvait de massacre, du « droit du poing » et d' « industrie de la guerre; » cependant, autour de lui, le monde changeait, l'humanité s'élevait et s'améliorait par le développement des esprits et des consciences. Le genre humain allait vers plus de pitié, plus d'harmonie; il semblait que, sur la terre, les âmes de bonne volonté s'appelaient, de plus en plus nombreuses, rêvant d'une ère nouvelle. Seul, le Prussien, narguait cet effort et, secrètement, aiguisait ses armes. Enfin, il attaque, parce qu'il faut qu'il attaque. Il cède à une fatalité de race qu'il n'a pas combattue, à de mauvais instincts qu'il n'a point maîtrisés. Mais comment justifier son assaut ? Il est obligé de mentir. Il mentait dans la paix, il mentira dans la guerre. Il est prisonnier du mensonge, base de sa politique et de ses calculs ; et il n'a pas vu qu'au bout du mensonge, surgit toujours, tôt ou tard, la vérité victorieuse. Il se heurte à son invincible lumière. Elle le démasque et le brûle. Quand il voudra reculer, aveuglé, il sera trop tard.

Guillaume II ne peut que finir dans le crime et la défaite. Les Français découvrent aujourd'hui sa vilaine âme. Nous sommes quelques-uns que cet homme n'a jamais trompés. Il était si facile de voir clair. Il suffisait d'ouvrir les *Kaiserreden* (1). On a quelque joie, aujourd'hui, à lire des confrères qui reprennent des opinions que l'on a exprimées, il y a dix ans. C'est une récompense.

(1) Recueil des discours impériaux. — Voir *le Véritable Guillaume II*.

14 août.

Combats d'avant-postes et continuation de l'échec allemand, devant Liége. Rien d'autre; mais on sent les troupes en place. La mobilisation tire à sa fin. Les Anglais sont à leur poste, et les armées alliées en communication. Là-bas, de l'Orient, vient un grondement de flots qui déferlent. Trois millions de Russes se rapprochent des frontières austro-allemandes. Le miracle se développe.

Dénombrons les prodiges :

D'abord, l'Allemagne frappée de stupidité politique et poussant l'Autriche à l'abîme d'une déclaration de guerre que son alliée, l'Italie, va condamner. On devait la consulter; on s'en est bien gardé. Il n'est pas possible d'être moins prudent, moins averti des réalités. Une pareille cécité de la maison d'Autriche est-elle admissible, sans quelque sortilège ?

Autre anomalie : l'Allemagne attise le feu et, pour donner le change, joue une comédie puérile. L'Empereur croisait sur les côtes de Norvège ; il prenait ses vacances, comme par hasard... Pour qui sait la sujétion de Vienne à Berlin, l'artifice fait sourire. N'est-il pas d'un aveugle ?

Enfin, nous étions divisés et nous nous débattions dans un bourbier : l'affaire Caillaux au Palais, le désordre général à la Chambre, la haine sectaire au Sénat. De tous côtés, des petitesses et des vilenies. En un instant, les choses se modifient. Un exalté tue M. Jaurès. Ce pourrait être l'occasion d'une émeute. Nullement. On s'attendrit, on se réconcilie autour de ce cercueil qui emporte peut-être les chimères du socialisme. Le Parlement, jusqu'alors inconscient est soudainement réfléchi. Le pays se reconnaît, se retrouve dans son élan patriotique. Le vent qui vient de l'Est a balayé de France ce qui était impur. Il semble fait de l'haleine de nos morts glorieux ; et cette haleine nous anime. Dignes, silencieux, unis, tous tendus vers le salut de la Patrie, nous avons été transformés, au mépris des prévisions de l'ennemi et de nos propres prévisions.

N'est-ce pas miraculeux? Et ce n'est pas tout : le plus fort, le plus inattendu, c'est le miracle belge !

15 août.

L'offensive française s'est affirmée. Nous sommes maîtres du versant des Vosges alsaciennes. Les principaux cols ont été emportés. Les troupes, aux aguets, entre Altkirch et Mulhouse, voient d'autres troupes maîtresses de Thann. Nous convergeons ainsi dans la direction de Mulhouse et du Rhin. Les soldats français descendent vers Turkeim et Colmar, guidés par l'ombre de Turenne.

Une nouvelle impressionnante arrive de la Vistule : le tsar Nicolas II promet aux trois Polognes l'autonomie dans une union fraternelle avec la Russie. Liberté de langue et liberté de culte, liberté de parole et liberté de pensée; l'essence même de tout développement individuel et social. La Pologne renaissante va connaître l'ivresse de sortir du tombeau. On sait les épreuves des victimes du hakatisme et de l'orthodoxie. Fini tout cela. Le Tsar prononce la parole réconciliatrice, et son oncle, le grand-duc Nicolas, proclame une ère de justice et d'amour.

16 août.

Quand on est dans l'extraordinaire, on ne sait plus où l'on s'arrêtera.

Le Japon somme l'Empire germanique de quitter la Chine et de désarmer les forces qu'il entretient dans les mers d'Orient. Adieu le beau rêve de Berlin conquérant l'Asie. Inutiles les sacrifices faits à Kiao-Tchéou. L'Extrême-Orient se ferme à l'Allemagne. L'univers est contre elle. La seule Turquie, en si funeste posture pour avoir cru à l'infaillibilité des armes germaniques, en général, et à l'épée du maréchal von der Goltz, en particulier, a fait mine de se jeter dans le Bosphore pour Guillaume II. Nous avons eu l'incident tragi-comique de deux croiseurs prussiens, changés en bateaux turcs, sous couleur d'achat, et sauvés ainsi d'une destruction certaine, après une fuite éperdue de l'Algérie aux Dardanelles. On n'avait pas encore vu des navires se convertir à l'Islamisme.

De quelque côté qu'on se tourne, l'Allemagne prête à rire autant qu'à trembler. Contenue par les « petits Belges » dont elle faisait si peu de cas, elle voit son attaque brusquée, son déferlement à flots irrésistibles, son plan, son fameux plan, désormais compromis.

17 août.

Est-ce le dépit? Les Allemands se signalent par des atrocités. La Belgique en appelle aux cieux.

Liége tient encore. L'Allemand occupe la ville sans être maître des communications.

Il peut donner le change et crier: « Nous sommes dans Liége, » mais Liége le gêne par ses forts qu'il n'a pu, jusqu'ici, anéantir. Il progresse malaisément. Ses dépêches aux journaux des pays étrangers n'en sont pas moins d'une audace mensongère, qui déconcerterait, si l'on ne savait que plus l'homme revient à l'état de barbarie, plus il altère la vérité avec une inconscience de primitif: « Paris à feu et à sang... M. Poincaré assassiné... La Russie en révolution... Le Tsar pendu... L'Angleterre unie à l'Allemagne... L'Italie attaquant la France... Nancy enlevée... La Belgique accueillant à bras ouverts le civilisateur germain... » voilà les nouvelles que l'Allemagne répand. On ne peut tomber plus bas dans l'inconscience et mieux préparer soi-même une fin déshonorée.

La différence de ton, entre les peuples alliés et les Austro-Allemands, n'est pas un des faits les moins caractéristiques du bon droit des uns et du crime des autres. Les discours et proclamations du Gouvernement français, les déclarations des hommes d'État anglais et du roi George V, les ordres du jour du roi Albert Ier, les ukases du tsar Nicolas II ont une sonorité de bon aloi. La prose officielle de Guillaume II et de ses employés de cour, malgré la grandiloquence qu'elle ose, l'air de loyauté qu'elle affecte, l'indignation qu'elle se permet, l'héroïsme qu'elle parodie n'est que *made in Germany*.

Aucun geste noble, du reste, tandis que les peuples alliés en savent faire chaque jour. Le Tsar a embrassé notre ambassadeur à *Pétrograd* (on ne dit plus Saint-Pétersbourg, expression germanique) : « En vous embrassant, mon cher ambassadeur, a-t-il déclaré à M. Paléologue, j'embrasse la France entière. » Nous avons décoré Liége, et envoyé la médaille militaire au roi Albert Ier; Sir Édouard Grey a mis au grand jour de la Chambre des Communes les pièges et trahisons de l'Allemagne, intrigant à Londres contre la France; et, pour couronner tant de noblesse, Nicolas II a prononcé la parole solennelle qui ressuscite la Pologne.

18 août.

Je pense à Ignace Paderewski. Je le vois encore dans une tribune aux couleurs polonaises, offrant à sa patrie dans sa vieille capitale, Cracovie, le monument, érigé de ses deniers à la gloire du roi Jagellon, immortel vainqueur des Chevaliers Teutoniques, à Grunwald.

C'étaient de rudes adversaires, ces Chevaliers Teutoniques. Les Germains d'aujourd'hui sont encore de féroces et hardis combattants. On s'est flatté trop vite de les vaincre. Les nouvelles qui viennent du front sont moins bonnes, autant qu'il est permis d'en juger par les contradictions et les obscurités qu'elles présentent. Elles manquent de mesure et de franchise ; elles ont je ne sais quel puéril optimisme, qui énerve et inquiète. Il y a là un vice grave auquel on devra remédier.

20 août.

L'armée belge se replie sur Anvers. Bruxelles s'ouvre à l'envahisseur, mais nous nous fortifions vers Metz et dans le Bas-Rhin. Nous reprenons Mulhouse que nous avions perdue, sans le savoir, (car le ministre de la Guerre avait omis de nous signaler ce détail) et les Allemands fuient vers le Rhin, abandonnant des canons et des prisonniers. Mais, entre Liége et Namur, les Germains passent.

Pendant qu'on se groupe, du côté belge, sous Anvers, on se masse, du côté franco-anglais, sous Namur et Charleroi.

*
* *

Pie X est mort, la nuit dernière, un peu avant 2 heures du matin. Quelqu'un écrira, ce soir, avec raison, qu'une lumière vient de s'éteindre, qui éclairait le monde.

22 août.

La « grande bataille » est commencée. Elle s'étend sur un front gigantesque, à travers les deux tiers de la Belgique. Avant quatre ou cinq jours, rien ne sera certain.

Nous perdons du terrain en Lorraine. Nancy est menacée. Nos avant-postes, près de Château-Salins, ont dû se replier. Les choses vont mieux sur la Meuse. Les Allemands font des embarras à Bruxelles, ville ouverte. Ils y sont.

L'épreuve est rude pour la Belgique. Le conquérant — d'une heure — exige deux cents millions d'or, sinon il bombardera la capitale belge! Il a déjà demandé soixante millions à la ville et à la province de Liége. Sur quoi, *tolle* général. Les lois de la guerre sont outrageusement violées; on n'est pas plus odieux, dit-on.

Que d'indignation superflue ! Le Teuton est logique avec lui-même. Il marche en semant la ruine et la douleur. Il veut l'or et le sang. Il a dépouillé toute hypocrisie. A bien réfléchir, il est dans son rôle, suivant sa nature restée barbare, et ceux qui l'accablent d'injures perdent leur temps.

La guerre est l'humanité retournant à l'inhumanité, le civilisé redevenant sauvage. On voudrait qu'il y eût des degrés dans cette abomination et que, sur la pente du meurtre, le soldat observât des nuances, et fût tendre, charitable, mesuré. C'est trop demander à des brutes vernies de *kultur* et, en réalité, perverties par l'orgueil qui est la forme de stupidité la plus dangereuse chez l'homme.

23 août.

Les Allemands tiennent Lunéville. Mais au Grand-Couronné de Nancy des obstacles difficiles les attendent.

Compensation à nos peines, les Autrichiens sont rossés par les Serbes, au point de renoncer à tenir en Serbie. Ils ont pris la fuite ; le territoire qu'ils voulaient conquérir est débarrassé d'eux.

Lorsque la paix renaîtra en Europe, un des épisodes de cette guerre des puissants Austro-Hongrois contre les petits Serbes, sera une inépuisable source de gaieté. Il n'y a rien, en soi, de plus burlesque que le bombardement quotidien de Belgrade. Depuis trois semaines, chaque jour, on nous dit : « Les Autrichiens bombardent Belgrade. » C'est tout ce qu'ils ont su faire : canonner de loin une ville ouverte, en face de chez eux.

Les Russes progressent. Des échos victorieux arrivent des bords de la Vistule.

24 août.

L'écho s'est fait tonnerre. Les Russes marchent à pas de géants. Ils ont écrasé trois corps d'armée, augmentés des forces de la *Landsturm*, en Prusse orientale. Ils sont à soixante-dix kilomètres de leur frontière. Les Prussiens se débandent et leurs fuyards vont répandre l'épouvante à travers le pays des Hohenzollern. C'est notre revanche qui commence. Nos peines et celles de la Belgique en sont adoucies, nos espoirs accrus, tandis que se livre, vers Charleroi et Namur, une bataille qui s'étend sur un front de plus de deux cents kilomètres.

L'antiquité ne rêva point cela, et les temps modernes n'offrent rien d'approchant. Plus de deux millions de Germains en armes déferlent aux frontières du monde latin, que gardent les Français, les Belges et les Anglais. On entend d'ici les lyriques !

25 août.

Nous avons reculé. Allons-nous être envahis ?

Nous sommes allés à Mulhouse, une première fois, imprudemment, semble-t-il ; nous avons dû abandonner la ville. Les malheureux Alsaciens, nos frères, trop prompts à nous accueillir en libérateurs, ont payé de leur sang le retour offensif de l'oppresseur. Nous sommes revenus, chassant l'Allemand une seconde fois. D'autre part, nous tenions les cols des Vosges et nous sommes descendus vers Ribeauvillé et Colmar. D'un peu plus, nous prenions le Haut-Kœnigsberg, qui fut une ruine vénérable, avant d'être déshonoré par une restauration ridicule, pour servir de perchoir aux vautours de Prusse, en Alsace. Nous nous sentions sur le chemin de la victoire, au pays annexé. Une fois encore, nous sommes ramenés en arrière. Nous avons évacué Mulhouse. Infortunés Mulhousiens ! que de maux nous leur causons. La guerre a d'horribles nécessités. Il faut, à présent, abandonner nos amis pour porter vers le nord les troupes qui étaient venues briser leurs chaînes, aussitôt resoudées.

Les masses allemandes nous accablent sur la Meuse. Nous reviendrons une troisième fois au Bas-Rhin. Y resterons-nous ? Le commandement l'assure... Hélas ! le doute est entré dans nos âmes. Non pas, certes, que nous ne soyons assurés de la victoire finale ; mais nous ignorons trop de quel prix il faudra la payer. L'incertitude angoissante, qui progresse, a pour première origine l'insuffisance incroyable des communiqués faits aux journaux. La faute doit en être au ministre de la Guerre. Mais sachons nous taire et souffrir. Nous souffrons pour expier des fautes passées.

L'expiation s'annonce rude. Un demi-siècle de suprématie prussienne a changé les Allemands en animaux féroces. Les populations fugitives répandent l'effroi par le récit qu'elles font des violences germaniques.

La barbarie ne finira-t-elle donc jamais ? L'esprit se révolte. Il voudrait croire que cette guerre est un dernier sursaut de la sauvagerie ancestrale. Il recule sur le chemin sanglant que suit le « Progrès ». Il ne distingue plus le but assigné à l'humanité par le christianisme : l'amour du prochain ; la créature honorant la créature pour honorer le Créateur et parvenir à Lui !

26 août-5 septembre.
Nantiat (Haute-Vienne).

Plus de dix jours sans que ces notes aient été continuées. Mais aussi quels tourments! Les Allemands, forçant nos lignes, ont débordé notre gauche et s'avancent vers Paris. Les troupes anglaises et françaises, après avoir rivalisé de bravoure, ont dû céder pas à pas le terrain.

L'Allemagne fait une guerre où l'homme ne compte qu'à l'égal d'un facteur anonyme de force et de terreur. Ce qu'il est individuellement, socialement, moralement, peu importe. Ce n'est qu'un fusil, un sabre, un canon. Il fait partie d'un ensemble qui doit parvenir sur un point déterminé : Paris, — en suivant un chemin désigné : la vallée de l'Oise. Il tombe, un autre le remplace et cent autres sont prêts, en masse, pour faire bélier. Ainsi doit être enfoncée la muraille vivante derrière laquelle la France s'abrite.

Cette charge effroyable de Teutons, la Belgique l'a d'abord supportée ; puis la horde barbare a dévalé vers la Somme. Il y a eu tant de miracles dans cette guerre, que celui d'un arrêt des Germains, au premier pas de l'attaque, ne nous aurait pas surpris. On s'habitue aux prodiges, et on oublie que les événements ont un Dispensateur, qui ne se soucie pas de nos désirs, et nous impose des épreuves et des efforts, en proportion de nos fautes.

* * *

Ce fut pour nous très pénible de comprendre la nécessité d'une reculade devant les masses ennemies (1).

Une nuit, de Senlis, nous avons entendu le canon. C'était le 30. Depuis le 27, les choses prenaient, d'heure en heure, une tournure plus grave. Nous avons vécu trois

(1) Certaines des pages qui suivent, relatives au passage des Allemands à Senlis, ont paru dans le *Correspondant*. Elles sont reproduites ici, faisant partie d'un tout dont un extrait seulement a été publié.

jours d'alternatives d'espoir et de doute. Il a fallu enfin ouvrir les yeux à la réalité. Un vent de panique soufflait autour de nous.

Les communiqués officiels ont été d'une insuffisance si malheureuse sous le ministère de M. Messimy, que, passant d'un extrême à l'autre, le public a vu tout en noir, dès l'heure où M. Millerand, venant pour le salut du pays, occuper la place où il eût dû être, dès le premier instant, a fait dire la vérité qui, d'ailleurs, s'imposait. Dans l'Oise, les gens se communiquaient les bruits qui couraient, tantôt bons, tantôt mauvais. Le 28, les mauvais l'emportèrent. Le 29, certaines familles prirent le train ou partirent en automobile. L'exemple était donné. J'ai vu, alors, du soir au matin, dans les rues et aux carrefours, les habitants, groupés, échanger, avec émotion, des confidences et des commentaires. Ils prenaient ainsi, les uns des autres, la maladie de la peur. L'aspect de ma petite ville, ordinairement si calme, était changé. On respirait de la fièvre. Quand on a su que le dépôt des

Hussards quittait Senlis et s'embarquait pour Saumur, on en a déduit la formation d'une armée de la Loire! Les amplifications pessimistes d'aller leur train. Des chasseurs à cheval sont arrivés pour occuper le casernement des hussards. Ils sont tout de suite partis en patrouille dans les forêts qui avoisinent la ville. Cependant, de nombreuses automobiles des convois de l'armée défilaient, se dirigeant vers Creil, venant de Clermont. L'État-major général anglais était à Compiègne; on est venu dire qu'il allait s'installer à Senlis. La ville entière l'a attendu. Les Anglais ont commencé à paraître dans le ciel. Leurs avions sont arrivés au nombre d'une trentaine à l'aérodrome de la Vidamée, tout proche. A la nuit close, une première partie de l'État-major a pénétré dans Senlis. Moins de deux heures après, on a appris que les Anglais se retiraient plus en arrière. Il n'y avait pas d'illusion à se faire : l'ennemi approchait. Le lendemain matin, les autorités conseillaient officieusement d'évacuer.

On voudrait ne pas partir... Chaque famille discute. Les femmes se déclarent prêtes à tous les devoirs, à tous les sacrifices; mais le grondement du canon les impressionne, et l'on voit les mères regarder anxieusement leurs filles... Il faut partir.

Un départ de ce genre, si angoissant qu'il soit, est mêlé d'épisodes de roman. Les Senlisiens qui pouvaient quitter la ville, ont caché des choses précieuses dans des caves, des jardins, des souterrains. Senlis est bâti sur d'anciennes carrières. Les retraits profonds ne manquent pas. J'ai vu chez moi se faire des enfouissements renouvelés du temps de la Terreur ou d'un récit d'Anne Radcliffe! L'argenterie a disparu dans une caisse enterrée sous le poulailler; les objets d'art sont descendus à vingt mètres de la surface du sol, chez un abbé de nos amis, par un couloir étroit, à moitié éboulé, qui mène à un caveau dans le tuf, creusé au douzième siècle. L'abbé, chancelant sur des gravats, tenait un lumignon fumeux pour éclairer ce sauvetage... Mais que sauve-t-on? Presque rien. Comment mettre à l'abri les témoins de plus de vingt ans d'une existence familiale où chaque année a augmenté le nombre des souvenirs ?

Le 31, au matin, nous avons dit adieu à tout cela, partant pour Paris, en automobile, avec force valises et paquets. Chacun de nous, prévenu qu'au retour nous pourrions ne retrouver que des ruines, aurait pu dire, comme Bias : *Omnia mecum porto.*

Le lendemain, nous filions vers Orléans. La route était déjà un champ de bataille encombré de victimes. La fuite des malheureux habitants du Nord de la France et de Paris, semait le chemin de débris d'enveloppes de pneumatiques. Un régiment de zouaves, rencontré, nous salua de lazzis. Ces braves gens ne pensaient pas que nous venions de plus loin que la capitale, laissant derrière nous nos demeures abandonnées à l'envahisseur... Ils nous prenaient pour des Parisiens trop prompts à déguerpir.

A Orléans, inutile de chercher un lit. Tout

est occupé. Nous irons jusqu'à la Ferté-Saint-Aubin.

Il y a là une bonne auberge d'autrefois. Ce fut notre premier gîte d'étape. Cet asile était plein de fugitifs ; la cour encombrée d'autos. Nous nous contions les uns aux autres nos infortunes, comme les rois de *Candide*, dans l'hôtellerie de Venise. Telle famille venait du Laonois, une autre du Vervinois. On se retrouvait en pays de connaissance. Nous disions tous : « Puisque nos biens sont fatalement engagés dans le conflit, c'est une grande chance d'avoir pu dégager nos personnes, même au risque d'une ruine totale ou partielle. Qu'importe si, au sortir de la tourmente, nous nous retrouvons indemnes avec ceux des nôtres qui sont au combat. »

Mais, au fond, chacun de nous essayait de dissimuler son angoisse, attendant de son compagnon d'adversité des assurances optimistes. Et le voisin ne tardait pas à déclarer : « Il faut tenir. Il faut durer et combattre. Le Gouvernement le dit. »

Il a raison, le Gouvernement, mais ses proclamations sont trop oratoires. Tout y sent l'avocat, et rien le militaire. L'heure est pourtant aux soldats.

*
* *

Le jour suivant, nous avons, d'un trait, couru jusqu'au Plateau Central.

Chaque fois que nous nous arrêtons, il n'est question que de la guerre. Il faut dire d'où nous venons. On nous plaint. Les bonnes femmes avouent volontiers leur effroi. Les Allemands leur paraissent bien près. Je les réconforte. Je sème de l'optimisme, et n'ai pas de peine à trouver des vaillants qui s'indignent des craintes de leur prochain. Nous nous exaltons ensemble. Une poignée de mains : « Bonne chance! » En route.

Les gardes civils sont rares : deux ou trois postes sur tout le parcours, et plus curieux de nouvelles, que soucieux de veiller au salut de la Patrie. En plein jour, loin des armées, à distance des voies ferrées, peu abondantes en ces pays difficiles, la vigilance n'a que faire. On va vite. Voici déjà le Limousin qui, à distance, s'annonçait par une ligne bleue fermant l'horizon comme d'un mur de sombre topaze, enveloppé d'une buée. La route est aussi pittoresque que malaisée. Le panorama varie à chaque détour du chemin, et, tout le long, les braves gens nous regardent passer, soucieux.

Nantiat, 6 septembre.

Le bourg est en émoi. Deux drapeaux tricolores flottent aux fenêtres de l'ancienne poste, dans la grande rue du village. Entre ces deux drapeaux, un troisième déploie une croix rouge sur fond blanc. Nantiat a une ambulance ! Des blessés vont arriver... Oh ! sept ou huit seulement. Nantiat n'en demande pas plus, pour le moment. Où les mettre ? La maison n'est pas grande, et un seul médecin, qui a tout le canton sur les bras, peut leur donner des soins. Ils vont être au Paradis : pas de bruit, de la place, de la lumière, un jardin, de l'ombre, des fruits, des lits doux et de bons plats. La meilleure cuisinière du pays, dont le mari est à la guerre, s'est installée à l'ambulance, abandonnant son foyer pour « ces enfants ». Elle dit : « ces enfants », et tout le bourg, comme elle, les adopte d'avance. Ils tardent. La dépêche qui les annonçait est arrivée depuis plusieurs heures. On ne les voit pas encore. Ils viennent de Limoges, en automobile. Le déjeuner les attend. Un fameux déjeuner ! Le vin bouché est au frais dans la cave, et le café sera soigné. L'infirmière s'inquiète. On va les faire manger et boire à l'excès, si le docteur n'y met bon ordre ; mais celui-ci ne paraît pas disposé à sévir. « Ces enfants » seront chez eux ; ce n'est pas lui qui leur parlera de discipline. Il faut cependant veiller sur leur santé, que diable ! Mettons vingt-cinq centilitres de vin par repas et par malade, le café suivant les cas ; l'alcool soigneusement sous clef, on verra... Les voilà ! Deux autos les amènent. Ils sont six, pas plus. Il en viendra d'autres. C'est toujours ça. Le village court, se presse, s'enflamme. Les paysannes ont des larmes aux yeux. Le pharmacien dirige les opérations, en l'absence du docteur parti dans le canton. Les bras solides ne manquent pas pour porter les blessés dans leur lit; mais ceux-ci peuvent marcher. Ils ont une mine joviale et reposée. Ce sont des convalescents qu'on envoie dans ce petit pays. Ils ont encore besoin d'être pansés; mais leur blessure n'est plus très grave. Le bourg n'y regarde pas de si près et n'est nullement humilié de n'être pas traité à l'égal d'une clinique chirurgicale ou d'un hôpital de grande ville.

La cuisinière apporte un bouillon de poulet aux six « enfants » dont un adjudant, très barbu; les autres, plus jeunes, rasés ou imberbes, ont des airs d'écoliers en vacances. Ils se mettent à table, fort entourés. L'ambulance est envahie. Les notables questionnent. Chaque blessé doit dire d'où il est, à quel corps il appartient, où il a été blessé.

dans quelles circonstances, et enfin s'il a rencontré tel régiment, tel bataillon, tel escadron ou batterie, et tel ou tel du pays. On ne s'entend plus. Tout le monde parle à la fois. Heureusement, le pharmacien se décide à faire la police. On laisse les « enfants » dîner, puis se coucher. Demain, le docteur les verra.

7 septembre.

Chacun de ces blessés raconte l'histoire de sa blessure. Nulle vantardise, point de longs propos. Ils sont du Nord ou des régions avoisinantes. L'un d'eux est de Paris. Le plus intéressant, atteint d'une balle tirée de haut en bas et qui a perforé un poumon, est tombé près d'un cours d'eau dans une propriété privée. Les ennemis venaient de son côté. Il a voulu fuir; mais un chien de garde s'est jeté sur lui, prêt à le dévorer. Il est entré drns l'eau. Les Allemands étaient proches. Il s'est enfoncé dans le courant, de manière à ne laisser passer que son nez et sa bouche. A ce moment, il s'est senti lécher : le chien, pris de peur, à la vue des soldats ennemis, faisait cause commune avec le Français blessé, sur lequel il voulait se jeter, un moment plus tôt. L'animal s'est tapi près de l'homme, contre une souche. Les Allemands ont défilé sans rien voir. Le blessé dit qu'il est resté trois heures dans l'eau. Il exagère sans doute. Les héros n'énoncent jamais l'exacte vérité. Ils retranchent ou ajoutent. Il est plus facile, pour eux, de bien faire que de bien conter.

Les blessés de Nantiat sont réconfortants. Ils discutent stratégie et escrime à la baïonnette. Ce sont des fantassins :

— On aurait dû faire tel mouvement... L'ennemi, il faut l'embrocher comme ceci, ou parer comme cela.

Et avec des cannes, ils gesticulent en criant à tue-tête, dans le paisible jardin de l'ancienne poste.

*
* *

A Limoges, l'après-midi. La gare est un spectacle inoubliable. Elle sent le phénol. La salle d'attente des premières est une infirmerie où une douzaine de dames de la Croix-Rouge roulent des bandes, arrangent des compresses, préparent des pansements. Sur le quai, une foule, qui descend du train par lequel je viens d'arriver, s'ajoute à une autre foule et s'attarde à contempler un convoi de blessés aux visages pâlis, aux fronts entourés de bandages, aux membres inertes, en route pour Brive et Bergerac. Les moins touchés se tiennent, souriants, debout ou assis, près des portes à glissières. Ils sont dans des wagons à marchandises, et peuvent s'étendre sur des paillasses. Ceux qui doivent rester couchés ont été placés sur des civières, à raison de neuf par wagon. La foule est muette. Elle a déjà beaucoup vu de convois semblables. Des recrues de la classe de 1915, en route pour la caserne, se sont arrêtées, coude à coude, et dévisagent leurs aînés. Ces jeunes gens ne disent mot, l'air dur. Le convoi repart. Une clameur vient du dehors. D'autres curieux, enn ombre, le long de la rampe de l'avenue de la Gare, pour voir passer le train, crient et saluent. Ils sont loin. De près, on se tait; le cœur seul parle, angoissé devant l'horreur de la guerre. A distance, on ne voit que la France qui passe, meurtrie, mais invaincue, et qui vaincra.

8 septembre.

Nouvelles de Senlis. Les Allemands ont bombardé ce reliquaire.

Mon Dieu ! si nos foyers sont détruits avec tant d'autres, nous supporterons aussi sans faiblesse cette perte. Nos personnes et nos biens appartiennent à la Patrie. Mais qui eût pensé, il y a deux mois, en contemplant, de quelque hauteur, la vieille cité qu'environnent les forêts de Chantilly, Hallatte et Ermenonville, d'une paix profonde, qui eût pensé qu'une invasion, renouvelée des temps barbares, viendrait ravager l'Ile-de-France et porter le fer et le feu dans l'antique capitale des Sylvanectes, que domine sa vénérable cathédrale autour de laquelle se serrent de respectables et calmes logis ? Senlis, qui somnolait dans la verdure embaumée de l'haleine des grands bois, s'est réveillée au bruit sinistre du canon. Que retrouverons-nous, quand il nous sera possible de revenir près de nos tombes et de nos foyers ?

La hantise du désastre nous poursuit dans la splendeur de la campagne limousine, indifférente au drame effroyable qui ensanglante une partie, chaque jour plus grande, du sol national. Les paysans eux-mêmes semblent désintéressés. Peu expansifs par caractère, naturellement résignés, ils continuent leur tâche coutumière, sans paraître s'émouvoir du danger que courent le fils, le père, le frère partis au combat. Ceux qui restent, trop vieux ou infirmes, ou ajournés, répondent aux réquisitions de pommes de terre, de blé, de bétail. Ils vendent leur marchandise au Gouvernement, et s'efforcent de la vendre le mieux possible. Après quoi, parfois, entre eux, ils commentent les nouvelles. Ils se groupent pour écouter lire le journal. Mais combien saisissent le sens exact des mots ? Ils se font une invraisemblable idée de la guerre.

Le jour de la mobilisation, le bruit courait dans les campagnes de la Haute-Vienne, que « les bourgeois avaient envoyé de l'argent aux Prussiens pour les déchaîner sur la France ». Dans notre bourg, on précisait : « Le curé absent — il était en vacances — était allé porter 10.000 francs aux Allemands ! » Le soir, les fortes têtes, socialistes unifiés, jetaient des pierres dans quelques vitres réactionnaires. Le lendemain, ce premier ferment de stupidité tombé, ces pauvres gens partaient, comme les camarades, et se sont vraisemblablement changés en héros. Puissent-ils revenir guéris des utopies de cabaret ! C'est pitié de constater leur sottise. Il faut les entendre, dans leur patois, propager les nouvelles qu'ils fabriquent. Ces jours-ci, « Guillaume II était à Saint-Germain-les-Belles (1)... » Les cafés de Limoges abondent aussi en stratèges et politiques, dont les propos feraient dresser les cheveux d'un sage. J'ai rencontré un notable commerçant, de quarante-cinq à cinquante ans, haut en couleurs, jovial, le ton assuré, et qui savait le dessous des choses :

— Monsieur, c'est tel que je vous le dis : le général X... est mort, tué par son officier d'ordonnance, qui lui a brûlé la cervelle, quand il a reçu la dépêche par laquelle il a compris que son chef avait trahi en ne repoussant pas, sur la Meuse, le corps de cent cinquante mille Allemands qu'il était obligé de repousser. »

Je le calme. Je lui explique que le général X... commandait à Z... et que la Meuse ne passe pas encore dans la Flandre française; mais je parle à un sourd ! Il recommencera dans une heure. Et ce n'est pas un méchant homme !

Il est accompagné d'un ami qui assure

(1) Chef-lieu de canton, proche de Limoges.

que « ce matin, on a fusillé un général aux Bénédictins » (une caserne). Il faut se tenir à quatre pour ne pas se fâcher.

Nantiat, 9, 10, 11 septembre.

L'attente. Les Allemands semblent arrêtés dans leur mouvement sur Paris. On annonce une bataille, « de Nanteuil-le-Haudoin à Verdun, » style officiel.

Les communiqués sont moins décevants avec M. Millerand, que sous son prédécesseur ; mais nos anxiétés n'y trouvent pas encore leur compte. Au début, on nous a leurrés. La déception fut amère. L'ennemi marchait sur Paris, et les dépêches du Ministère prenaient encore des airs satisfaits. L'ennemi tient, aujourd'hui, en quasi-totalité, le Nord et l'Est. C'est une vérité aussi douloureuse qu'évidente. On pourrait expliquer ce qu'il a fait dans telle ou telle ville ; comment il est entré ou sorti ; s'il occupe, s'il massacre, s'il brûle. Rien, pas un mot. Un douzième du territoire est envahi ; on ne nous renseigne point sur l'étendue du désastre. On nous répète que nos troupes sont intactes, notre armée admirable, notre reculade voulue. Soit. Fortifiés par la fanfare quotidienne des journaux qui font de leur mieux pour rassurer le pays, nous avons confiance. Nous vaincrons, nous le savons; mais qu'on nous dise s'il faut pleurer sur nos demeures, nos amis, nos parents. Ainsi, Senlis a connu l'horreur du bombardement; le Ministère a des détails, — il ne peut pas ne pas en avoir — il ne communique rien. Et quand je dis Senlis, c'est pour citer un endroit. On pourrait nommer toutes les villes de l'Oise, de l'Aisne, du Nord, etc.

Si de tels renseignements devaient, en quoi que ce soit, nuire au mouvement des armées, on comprendrait le mutisme officiel; mais il saute aux yeux que cela est sans rapport avec la stratégie. Ce n'est important que pour les fugitifs, les infortunés, réfugiés ici et ailleurs, et qui ont laissé derrière eux tant de choses chères et d'existences aimées. Nous voudrions vieillir plus vite pour savoir ce qui nous reste des nôtres et de nos biens.

Nantiat, 13 septembre.

Dieu soit loué ! La victoire s'est affirmée.

Le Teuton s'est étendu à l'excès, emporté par son aveugle folie de conquête et par la hantise de la proie convoitée : Paris. L'appât s'est trouvé moins accessible et mieux gardé qu'il ne pensait.

Nous avons aujourd'hui l'assurance officielle d'un affaiblissement général des forces germaniques, contraintes de reculer à gauche et au centre, et poussées, à droite, sur des positions qui peuvent leur être néfastes.

Le Président de la République félicite hautement le général Joffre de la réussite de sa tactique sur la Marne. C'est dire : « Nous avons reculé en sachant où nous allions. »

Les visages s'éclairent. On respire un air plus léger. Une jeune Française écrivant, ce matin, à une candidate à une maternité prochaine, dit dans sa lettre : « Si c'est une fille, j'espère bien que vous l'appellerez Victoire. »

14 septembre.

Le journal arrive vers 9 heures. Je descends, dès que j'entends les grelots de la voiture du messager qui revient de la gare et porte les nouvelles avant le facteur... Je saisis avidement la feuille de papier qu'il me tend, l'air jovial.

— Ça va bien. Ils reculent. On les a.

C'est vrai. « On les a, » on les tient où on voulait les mener. Les pessimistes, les poltrons doivent avoir, à présent, des airs de triomphe. On les entend s'écrier : « Quand je le disais... » Ils exultent. Ils ont battu l'ennemi sur la Marne ! Ils oublient déjà et veulent qu'on oublie leur piteuse attitude des jours d'épreuve.

Nous voilà partis sur les talons de l'envahisseur. Où allons-nous? Où nous arrêterons-nous, et que rapporterons-nous de cette poursuite? On voudrait déduire, des faits actuels, leur aboutissement. L'esprit est plein d'hypothèses victorieuses. Je me prends à refaire la carte d'Europe... Contentons-nous d'admirer le succès d'hier et les mâles dépêches du général Joffre...

Hélas! une angoisse me serre le cœur.

Ils sont innombrables, les autres cœurs serrés comme le mien, chaque matin, après le grand coup de fouet de la bataille évoquée dans les communiqués que l'on lit, les larmes aux yeux. Nos fils, nos frères, nos proches, se sont battus. Ils étaient dans la mêlée. Sont-ils encore vivants? Et l'on attend le facteur. L'heure est lente à venir. Il arrive. Le voici... Rien. Il n'a rien.

Rien! Depuis des jours et des jours, c'est ainsi. Rien, aucune nouvelle. Rien!... Ce silence est de plomb, et tous les jours pèse plus lourd.

15 septembre.

Allons! Il faut renaître. On rappelle les

postiers et les cheminots du Nord, de l'Est, de l'Oise. Nous pourrons regagner nos foyers. Mais dans quel état sont-ils ? Et nos parents, nos amis, tel ou tel que nous connaissons dans la région envahie, que possèdent-ils encore ? Qu'a-t-on brûlé ? Qu'a-t-on pris ?

On a beau dire : « Tout cela n'est rien, puisque nous sommes victorieux ; qu'importe, d'ailleurs, pourvu que les nôtres reviennent ?... » Tout de même, on pâlit à l'idée que, peut-être, on n'a plus de toit.

16 septembre.

En voyage, de Limoges à Paris, par le chemin de fer. La route est longue. Convois de blessés qui descendent, convois de combattants qui montent. On est à la portière, enthousiaste ou angoissé, selon le train. Il faut dix-sept heures pour aller de Limoges à Austerlitz, point terminus parisien.

A peine à Paris, aux abords de la gare du Nord, je m'informe. Que sait-on de Senlis ?... Les journaux exagèrent... Je viens de lire un article du *Matin* qui parle d'un nouveau Louvain...

— Hélas ! monsieur, répond le restaurateur que je questionne, toute une partie de la ville n'existe plus, sans parler du maire, fusillé avec d'autres personnes...

Le maire fusillé !...

Je reste stupide. Ce coup m'assomme. Le maire !... Pas d'homme meilleur au monde, l'honneur même; un esprit religieux, un cœur charitable. Je vois dans sa mort la preuve criante d'une férocité dont ma raison n'était pas, jusqu'au tréfonds, persuadée. Pourtant, Badonviller, Étain, Louvain et tant d'autres villes ou villages anéantis auraient dû m'instruire... Mais notre esprit se refuse à concevoir de tels crimes comme réels et aussi atroces que les journaux le disent. Et, soudain, j'ai l'impression physique de l'horreur de la barbarie germanique. Je vois le sang, le feu ; j'entends des cris de femmes et d'enfants qu'on égorge. Plus rien de ce qui m'est personnel ne m'occupe. J'imagine ma ville en cendres, nos demeures disparues, sans séparer ma perte des autres pertes, mon angoisse des autres angoisses.

On peut, par amour, porter en soi le monde ; la douleur opère aussi ce prodige et nous fond dans son creuset pour nous rendre plus humains. Je voudrais, dans cette minute, trouver quelqu'un à secourir.

J'ai des détails, à présent, par des Senlisiens rencontrés sur le quai, au départ. Le quartier que j'habite n'a pas souffert ; mais ailleurs... Encore un peu de temps et je verrai de mes yeux l'étendue du désastre.

Enfin, voici la gare. La gare !... Vision de cauchemar... C'était une vieille petite gare, toute basse ; un joujou au bord de deux voies. Pas de plus paisible sur le réseau ; peu de trains, aucun rapide, jamais de foule, sauf, parfois, le dimanche soir, l'été, pour des retours de Parisiens égarés dans nos forêts. A l'ordinaire, aucun bruit, pas d'étrangers, rien que des habitants du pays, bonnes gens. L'heureuse gare ! Le chef y coulait des jours paisibles. De mémoire d'employé, point d'accidents ni de drames. On vivait là chez soi et en famille. Le moins occupé allait « faire » le train, quand il s'annonçait, poliment, de la station voisine... On était bien dans cette gare ! Et à présent...

A présent, non, je ne rêve pas : j'aperçois des murs calcinés; plus de toit, plus de fenêtres, plus de portes. Au travers de ces décombres, apparaît une place déserte et, là-bas, où commence la rue, d'autres ruines... L'Allemand est passé par là...

Il y a du comique dans cette abomination. La gare n'a plus qu'un bureau, mais quel bureau ! On avait fait une niche vitrée, en avant du petit local destiné aux faiblesses de l'humaine nature. Il abritait une brave femme chargée de l'administration de ce lieu retiré. On l'a expulsée; on a placé un téléphone dans sa niche, une table, une chaise; tous les services du chemin de fer, à Senlis, tiennent dans ce réduit.

Senlis, 17 septembre.

Impossible, hier, de noter, sur-le-champ, ce que j'ai éprouvé en suivant, d'un bout à l'autre, cette voie des tombeaux qui, à jamais, marquera dans l'histoire de France, le passage des Germains à Senlis, en 1914. Plus de cent maisons incendiées dans toute la longueur de la ville. Beaucoup comptaient parmi les plus belles; toutes étaient anciennes, sauf une. Que de choses mortes dans les flammes, de souvenirs, de chers objets! En cendres, ces foyers vénérables qui avaient vu s'asseoir près d'eux des légions de Français. Plus de greffe, plus d'archives administratives. Le Tribunal et la Sous-Préfecture, installés dans un hôtel seigneurial du dix-septième siècle, ne sont plus qu'une ombre du passé. Et avant d'entreprendre ce désastre, ordonné, comme toujours, sous prétexte de punir les habitants réputés coupables d'avoir tiré sur les Allemands, les Vandales avaient bombardé

Senlis, ville ouverte, reliquaire du Valois; ils tentaient d'abattre la flèche glorieuse de sa cathédrale illustre !

18 septembre.

Le nombre des maisons détruites est, dit-on, de cent quatre. Le relèvement officiel n'est pas encore fait. Le chiffre des victimes est d'un peu moins de trente; vingt-sept, paraît-il. Il y a le maire et six ouvriers, pris au hasard et rendus responsables des coups de feu que les Allemands ont reprochés à des civils; il y a sept ou huit victimes : hommes, femmes et enfants, mis devant eux par les ennemis, quand une arrière-garde française a attaqué leur avant-garde, au moment où ils commençaient d'occuper Senlis; il y a deux personnes tuées en ville, au cours du bombardement; il y a deux infortunés brûlés vifs dans leur maison incendiée; le reste a disparu sans que l'on ait de précisions, fétus de paille emportés dans la tourmente.

La bataille de Senlis marque le point

culminant de l'envahissement de l'Ile-de-France. A partir de là, le flot germanique recule. Le bombardement de la cathédrale et l'incendie de maisons représentatives des traditions du passé national, sont l'extrême forfait de la marche en avant de l'envahisseur. Senlis, servant ainsi de borne au crime, justifie sa domination morale qui s'affirme par sa gloire ancienne et l'élan de sa flèche, que l'ennemi n'a pu abattre, et qui s'élève au-dessus des clochers de la région, signe éloquent d'idéal et de beauté.

Le nœud du drame senlisien pris en lui-même, est la mort du maire, perfection du Français inoffensif, loyal, dévoué, travailleur, issu de la bourgeoisie économe et digne. Tout a un sens. Une telle victime est nécessaire dans l'instant où le barbare est hors d'état de pousser plus loin son effort dévastateur. A l'endroit où il s'arrête, battu, il faut un holocauste inoubliable.

J'ai voulu voir l'endroit où M. Odent, maire de Senlis, a été tué. C'est une terre, au sortir des dernières maisons de la ville, sur la route de Compiègne, un peu au-dessus du lieu dit « le Poteau, » à droite, en s'éloignant, en face du champ de courses du château de Chamant. Ce lieu d'agonie, où un juste est tombé, où six malheureux ouvriers ont été assassinés, où sept otages ont, toute une nuit, attendu la mort, offre encore l'aspect sinistre d'un campement désolé. Des meules de paille, éventrées, jonchent, de leurs gerbes défaites, l'étendue du terrain sur lequel plusieurs milliers de sauvages ont couché à la belle étoile, à quelques pas des morts sacrifiés à leur rage homicide. Au nord du champ, l'endroit où M. Odent a cessé de vivre, est marqué par une croix de bois sur un tumulus de terre fraîche. On a retiré le corps. Il est à Senlis.

L'archiprêtre qui m'accompagne dans ce pèlerinage douloureux, me dit, devant cette tombe vide et d'où rayonnent, pourtant, les plus précieuses vertus françaises :

— Nous l'avons exhumé avec le plus grand soin. Il était couché sur le côté droit, le bras un peu replié, le bras gauche complètement allongé; dans sa pauvre figure méconnaissable, on ne distinguait plus que les dents... »

Monsieur le maire de Senlis, vous étiez, en vérité, innocent de tout crime, et votre vie était sans tache. Doit-on vous plaindre ? La mort qui fut la vôtre est belle. Vous auriez encore un peu vécu. Combien de temps? Quelques années. Nous vous aurions estimé davantage; les vôtres vous auraient encore chéri; vous auriez eu pour récompense, au soir de votre vie déclinante, les caresses des êtres que vous aimiez; mais ce départ si brusque et qui semble d'abord si injuste est peut-être une récompense. Vous aviez vécu perdu dans la foule; il vous met, soudain, à un rang éclatant et fait ressortir vos mérites. Vous serez, à tout jamais, le maire de Senlis qu'en 1914 les Germains envahisseurs ont assassiné. Votre nom, déjà estimable, mais qui n'avait pas dépassé les limites de notre petite cité, vivra comme un grand nom dans la mémoire des enfants de France, et Senlis tirera un lustre nouveau du sacrifice de votre vie que vous aviez fait à la Patrie...

Car c'est là le plus touchant et le plus beau de ce drame. L'archiprêtre me le dit, quand nous nous éloignons pour aller vers la grand'route, jusqu'à un tertre qui recouvre le corps d'un officier allemand. Nous avons salué l'endroit où six ouvriers de Senlis ont été abattus; nous venons de nous incliner devant la place de l'assassinat du maire; nous saluons aussi l'endroit où dort un ennemi. Le barbare et le civilisé, la victime et l'assassin, sont des morts égaux devant le silence et le mystère. Mais quelle supériorité morale de notre côté!

— M. Odent, dit l'archiprêtre, s'attendait à mourir. C'était chez lui, non pas une crainte, mais un pressentiment. Il n'avait rien à craindre, n'ayant rien à se reprocher. Il ne négligea aucune des mesures d'ordre et de prévoyance, que la suite précipitée des événements lui permît, sans les permettre toutes. Il n'avait pas, d'ailleurs, à douter de la sagesse de Senlis et ne pouvait prévoir l'échauffourée survenant, soudain, à l'extrémité de la ville, à la reprise du combat, et dont il a été, au mépris de toute équité, sans enquête, ni jugement, rendu responsable. A parler net, les Allemands voulaient assassiner des Senlisiens. La dignité simple de M. Odent devait attirer leurs coups. Il le savait. Il avait réglé, la veille, ses affaires de conscience avec Dieu, et lorsque sa famille est partie, à l'heure où la bataille imposait l'évacuation de la cité, il a quitté les siens en homme persuadé de ne plus les revoir en ce monde. Au moment où les Allemands arrivaient à l'Hôtel de ville, il aurait pu être entouré de ses adjoints, demeurés à Senlis et prêts à tous les devoirs. Ils étaient chez eux, puisque le bombardement venait à peine de cesser et qu'il avait commencé à l'heure où l'on était encore à table pour le déjeuner. L'employé de la mairie, qui offrit à M. Odent d'aller les prévenir, reçut cette réponse :

— Non, ce sera assez d'une victime.

Comment M. Odent est-il mort? Voici la version exacte:

Après avoir travaillé, la veille, jusqu'à une heure avancée de la nuit, avec le premier adjoint, il était revenu, dans la matinée, à la Mairie. Il y resta jusqu'au moment où, la bataille étant aux portes de Senlis, des balles et des obus s'égaraient sur la ville. Il dut alors regagner son domicile, assez lointain, dans l'intention de déjeuner. Mais il ne fit, pour ainsi dire, qu'entrer et sortir, et revint à l'Hôtel de ville. Peu après, le bombardement direct commençait. M. Odent se mit à l'abri, dans la Mairie même, et réoccupa son cabinet quand la canonnade cessa. Les Allemands faisaient leur entrée dans Senlis. Averti de leur approche, M. Odent descendit de son cabinet sur le seuil de la Mairie et se trouva en face d'un général et de son escorte. Ce commandant de troupes demanda si les Français occupaient encore Senlis et si la population était calme. M. Odent qui n'avait aucune raison de penser qu'à cinq ou six cents mètres de là, des Marocains se fussent postés dans le bas de la ville, du côté de la direction de Paris, répondit, en toute loyauté, qu'il croyait nos soldats hors Senlis et que la population était des plus pacifiques. Le général le requit de commander un repas de trente couverts, pour le soir même, à l'hôtel du *Grand-Cerf*. M. Odent dut le suivre vers l'hôtel. Le secrétaire de la Mairie accompagnait le maire et l'Allemand. Celui-ci s'indigna de voir, sur son passage, les fenêtres et les portes closes. Il donna l'ordre que tout fût ouvert. Le maire répondit que les habitants étaient, pour la plupart, absents ; mais qu'on ferait du mieux possible. Injonction aussi d'éclairer la ville, la nuit venue, comme à l'ordinaire.

— Le directeur et le personnel de l'usine à gaz sont partis, objecta M. Odent.

— Je veux, répliqua l'officier.

Ils étaient arrivés au *Grand-Cerf*, lorsqu'au bas du faubourg Saint-Martin, reprit la fusillade. L'arrière-garde française tirait sur l'avant-garde allemande.

Le secrétaire de la Mairie, dont le courage ne faiblit à aucun instant, dans ces tristes jours, avait quitté M. Odent pour aviser aux moyens d'avoir du gaz. Le général dut éclater en menaces et répéter une accusation qu'il avait déjà faite, celle de coups de feu tirés par des habitants sur ses officiers et soldats. « Cela mérite punition, » avait-il dit, malgré la protestation de M. Odent.

A ce moment ou à l'autre, que valait le grief de l'ennemi ? Il est impossible de le savoir. Des Marocains et des zouaves s'étaient attardés dans des cabarets au bas du faubourg. Un cabaretier exalté a-t-il tiré ? Aucun témoignage n'en fait foi. Un ivrogne, qu'on a trouvé mort ensuite, s'était montré dans une rue, proche d'une de celles que les Allemands allaient suivre ; il brandissait un revolver, peu avant leur arrivée. Les a-t-il menacés ? A-t-il déchargé son arme ? Là, aussi, nul témoin. Il est seulement établi qu'au moment où la fusillade reprit dans Senlis, les

Allemands descendant de Chamant, à travers la ville, s'emparèrent, au hasard des rencontres, de diverses personnes, y compris une femme portant une petite fille, et les firent marcher au milieu de la rue au devant des soldats français, tandis que leur troupe se défilait le long des murs. Ils s'avançaient vers le bas de Senlis, par la rue de la République et la rue de Paris; d'autres contournaient la cité par le boulevard du Montauban. Chaque fraction se couvrait d'innocents habitants obligés de précéder l'ennemi ou de périr sur-le-champ. Plusieurs de ces malheureux Senlisiens sont tombés sous les balles françaises; la petite fille a été blessée. Enfin, sans motif autre que de chercher des victimes, les ennemis arrêtèrent, sur les trottoirs, une demi-douzaine d'artisans qui eurent le malheur de ne pas les éviter. Le Maire était au *Grand-Cerf* au milieu des officiers allemands, sans aucune possibilité de faire quoi que ce soit. Il fut brusquement mis dans une automobile et conduit dans un champ, à deux kilomètres de Senlis, près du château de Chamant, où, réflexion faite, l'état-major allemand, délaissant le *Grand-Cerf*, s'installait et donnait l'assaut aux caves abondamment pourvues. D'innombrables bouteilles de fine champagne, sans parler des vins, se volatilisèrent.

Pendant ce temps, Senlis flambait.

C'est après boire, apparemment, que le chef des ivrognes ordonna la mort de M. Odent.

Celui-ci était resté, avec un lot d'otages, dans le champ où on l'avait conduit, quand, vers 11 heures du soir, un officier vint l'appeler et lui donna quelques minutes pour dire adieu à ses concitoyens captifs et confier à l'un d'eux ses papiers, son alliance et sa dernière pensée pour sa famille; puis il le mena un peu à l'écart, et, sans autre forme de procès, le fit fusiller sur place par deux assassins subalternes.

Dans ce même champ, un peu plus loin, les six infortunés artisans, enlevés dans Senlis, furent, de même, passés par les armes, sans qu'aucune raison valable puisse en être donnée. Les autres personnes arrêtées, restèrent prisonnières toute la nuit, attendant la mort. Le matin, on les relâcha.

Pourquoi et pour quelle raison épargna-t-on les uns et fusilla-t-on les autres ? Pourquoi l'assassinat du maire, vers 11 heures du soir, après un enlèvement brutal, à 4 heures de l'après-midi ? Tout cela ne se conçoit que si l'on admet l'ivresse des assassins recevant, dans la nuit, au cours d'une orgie, de mauvaises nouvelles de l'ensemble des opérations de la journée et envoyant des malheureux à la mort, à tort et à travers, afin de passer sur eux leur fureur.

Le père et un aïeul de M. Odent furent maires de Senlis. Leur nom a été donné à une rue de la ville, en souvenir de leurs précieux services. M. Odent père était à la Mairie, en 1870, et défendit avec dignité les intérêts senlisiens pendant les treize mois de l'occupation allemande. L'aïeul était en fonctions en 1832, lors de la terrible épidémie de choléra qui ravagea la France. Il fut admirable.

Le dernier maire de Senlis, du nom d'Odent, n'a pas failli à ses traditions de famille, formées des plus belles de notre race.

19 septembre.

Quelle journée ! Quel cauchemar ! Du matin à la nuit, effroyable randonnée à travers les champs de bataille de la région, de Senlis à Pierrefonds, puis de Pierrefonds à Betz, en passant par Drouy-la-Ramée, cœur de la tragédie, et, pour revenir, par Acy-en-Multien et Vincy.

Comment décrire ? Qu'ai-je dans l'esprit ? Que puis-je évoquer ?... Des fermes abandonnées sur des coteaux funèbres... La terre nourricière, le chaume prometteur, vides d'êtres humains. Nulle silhouette de travailleur, aucune fumée. Le feu des incendies a eu le temps de s'éteindre. Ces foyers glacés sont sinistres. On ne trouve, ça et là, qu'un chien qui erre, un chat qui miaule dans une cour, où gisent, pêle-mêle, les objets mobiliers démolis. Ces témoins coutumiers d'une existence paisible, les instruments du labeur quotidien, les papiers, les comptes, les livres, les rédactions de la préparation à la première communion d'une petite fille, toute l'intimité, toute la paix, tout le ciel d'une famille sont à terre, en morceaux, piétinés, souillés. Des édredons, des matelas gisent sur de la paille, sous des hangars, et d'innombrables mouches volent sur cette literie.

Pauvres fermes de l'Ile-de-France, vieilles maisons où l'on engrangeait dans la joie les récoltes fructueuses ! Vieux toits de tuiles, brodés de mousse par le temps ! Antiques salles hospitalières où maîtres et domestiques devisaient familièrement, vous n'êtes plus que des pierres calcinées et noircies. Plus une bête vivante dans l'étable écroulée, pas un bœuf, pas un cheval, pas un mouton... On fuit cette horreur pour trouver une campagne encore plus horrible. Oh ! cette puanteur que le vent apporte ! Ces cadavres de chevaux gonflés, les quatre fers en l'air... Sur leurs carcasses remplies de vermine, il y a encore des selles, des débris d'armes, des lambeaux de manteaux. Et partout, dans les champs, des obus et encore des obus qui ont fusé sans éclater. Pacotille allemande qui fait, hélas ! trop de victimes ..

Au bruit de notre auto, à l'approche des maisons qui ont échappé au sinistre, de rares habitants surgissent, ayant encore, sur leur visage, la terreur des heures d'épouvante. Ils nous regardent à peine, tout à leurs pertes, obsédés du soin de défendre ce qui leur reste de vie et de biens. Ils s'assurent seulement, d'un coup d'œil, que le ronflement du moteur n'annonce pas des Allemands qui reviennent, puis ils passent ou rentrent, à pas lents, accablés.

Un village, une église. De la paille et des lits démontés dans cette église ; des vitraux brisés par des shrapnells ; le clocher penche et menace de tomber ; la porte est arrachée ; tout est sens dessus dessous au maître-autel. Des bouteilles vides sont sur la table du sacrifice avec des candélabres rompus au milieu de boîtes de conserves. Les images saintes, crevées ; les statues pieuses, abattues ; dégâts de la bataille ou rage d'iconoclastes. Et sur tout cela, flotte une odeur de sueur aigre aux relents de fauve. L'écœurement est aussi fort que la douleur.

Plus loin, dans la plaine, vont et viennent des hommes essaimés. Ce sont des territoriaux qui achèvent de déblayer le champ de bataille et d'enterrer les morts.

C'est un peu après Betz qu'un lieutenant de chasseurs à pied, venant au bord du chemin, fait signe à notre voiture de s'arrêter. Un ami qui est prêtre, est avec nous dans l'auto. J'entends l'officier crier :

— Monsieur l'abbé, monsieur l'abbé, voulez-vous descendre ?

La voiture s'est arrêtée. L'abbé descend. Nous le suivons, supposant quelque accident, quelque blessé, quelque mourant. C'est plus terrible encore. Le lieutenant s'est avancé. Il salue.

— Monsieur l'abbé, dit-il, nous venons d'inhumer, ici près, vingt-deux soldats français.

Son geste montre une tranchée que nous

n'avions pas remarquée. La terre a été bouleversée partout, dans ce champ de carnage; mais on voit un endroit où elle vient d'être remuée... Vingt-deux des nôtres sont là, sous un tertre.

— Ce sont des soldats de Bretagne, reprend l'officier, tombés avec leur capitaine... Tenez, nous l'avons mis là-bas, un peu plus loin... Les hommes que j'ai dans mon secteur sont aussi des Bretons, du 87e régiment territorial. Or, tout à l'heure, ils ont reconnu dans les soldats d'infanterie que nous avons ramassés, des soldats d'un régiment de l'active, recrutés dans leur région. Et sept d'entre eux ont, sur ces vingt-deux morts, retrouvé qui un fils, qui un gendre, qui un frère... Ne voudriez-vous pas, monsieur l'abbé, dire quelques mots à ces pauvres gens?

L'abbé ne répond que d'un signe de tête et va vers le tertre, précédé de l'officier.

— Sur deux rangs, commande le lieutenant.

Les hommes ont compris. Ils s'alignent le long de la tranchée. D'autres, à l'écart, con tinuent d'écrire des noms sur une immense croix de bois blanc.

— Képis bas, prononce l'officier.

Tous se découvrent. L'abbé a tiré de sa poche son bréviaire, lit le *De Profundis*, une oraison, puis donne une bénédiction suprême. Après quoi, il parle...

Sur ces mâles et rudes visages de Bretons, des larmes coulent, silencieuses, tandis que le petit groupe, occupé à peindre des noms sur la grande croix, s'est découvert, lui aussi, et écoute, genou en terre, la tête penchée, pour mieux entendre les paroles d'espoir et de consolation que prononce le prêtre qui passait...

20 septembre.

Senlis reprend vie peu à peu. Les fugitifs reviennent. On se conte les détails de l'occupation allemande, du 2 au 10 ; les pillages, les exactions. On dénombre les victimes, on vient en aide aux infortunés survivants. Il y a des misères navrantes. Les plus émouvantes sont d'ordre moral. Des gens sanglotent sur ce qu'ils ont perdu et qui venait de leurs morts. Des fortunes entières ont disparu ; mais combien de vieilles choses du passé avaient encore plus de prix et constituaient un inestimable trésor.

21 septembre.

Chaque matin, depuis le 18, le canon gronde au loin sur les hauteurs de Noyon. C'est comme une menace lointaine. On dirait, par instants, les rugissements du lion au désert. Tandis que les ruines se décolorent sous la pluie, Senlis vit, partagée entre l'espoir de la victoire et la crainte de la défaite. Si l'Allemand revenait... Mais il ne peut revenir. Il s'est terré. Il faut attendre qu'on le déterre. L'attente est dure. Ce n'est pas vivre que vivre dans ce grondement sinistre. Si encore on nous laissait panser nos blessures, sans ajouter au tumulte lointain, si pénible à nos cœurs, une rumeur immédiate et des allées et venues de badauds, accourus à la foire. Des Parisiens viennent en bandes, à pleins trains, visiter Senlis martyrisée. Ils apportent des victuailles et vident des bouteilles sous les vieux arbres du cours, blessés par les obus. Ils vont ensuite visiter, en partie de plaisir, les ruines de la ville et le champ de bataille. Beaucoup ne savent pas que l'on salue les tertres des tués au champ d'honneur.

*
* *

Les Allemands ont bombardé la cathédrale de Reims! On s'indigne. Les feuilles débordent de colères justifiées.

Ne leur pardonnez pas, Seigneur : ils savaient ce qu'ils faisaient! Nous avons pu en juger, à Senlis... Je regarde notre cathédrale mutilée, j'écoute tinter une des cloches, fêlée par un obus, et je reviens, en esprit, dans la basilique qui est, excellemment, la « Maison de France, » celle où Jeanne d'Arc alla, le 17 juillet 1429, de l'hôtellerie de l'*Asne-Rayé*, précédée de ses pages, escortée de seigneurs, au milieu du peuple agenouillé, jusqu'au pied de l'autel, bannière en main, pour être, elle aussi, à l'honneur après avoir été à la peine... Je suis tout à fait tranquille : Jeanne, qui gardait le parvis de Reims et a vu sa Maison devenir pour elle un second bûcher, battra les Tudesques et donnera à sa cathédrale une gloire renouvelée.

22 septembre.

Toujours le canon... Combien de semaines durera la bataille? On sent qu'entre l'Oise et la Somme, l'Allemagne, cramponnée à notre sol, veut, à tout prix, réparer son échec sur la Marne. La bête tremble. Elle a beau mentir; peu à peu la vérité perce. L'inquiétude gagne les pays germaniques. Un télégramme de victoire, daté de Paris, sauverait tout. Mais de la coupe aux lèvres... La coupe que le Destin offre à Arminius lui semble, à présent, empoisonnée. Il entend déjà une voix furieuse crier: « Arminius, Arminius, rends-moi mes légions. »

*
* *

L'aumônier de l'hôpital me disait, tantôt, la violence du combat autour de Senlis, le 2 septembre, l'admirable conduite des Sœurs, la Supérieure héroïque et risquant tranquillement sa vie. Le sang des blessés allemands recouvrait complètement les dalles des salles de l'hospice. On marchait dans du rouge vivant et tiède. Petite affaire pourtant ; l'effort français était ailleurs.

Il y a, au fond de la grande salle du premier étage, au-dessus d'une porte qui sépare le dortoir militaire d'un office, un Christ et une statue de la Vierge fixés à la muraille, et auréolés de projectiles qui ont, durant le combat, traversé la salle et étoilé le mur, effleurant les saintes images pour former, autour d'elles, un tragique décor qui semble symboliser l'échec allemand et l'impuissance du mal. On montre aussi, dans Senlis, une Vierge, restée intacte dans son cadre, sur un côté d'une maison où tout a été dévoré par l'incendie. Hasard, coïncidence, dira-t-on. J'entends bien ; mais il y a des hasards troublants.

23 septembre.

Oh ! ce canon !... Cela commence à l'aube un peu après 5 heures. C'est très loin, à cinquante kilomètres environ, et toujours vers Noyon. Le son est sourd ; il se propage en larges ondes auxquelles, par moment, s'ajoutent d'autres ondes. Alors, c'est un roulement. Ce n'est plus le lion, c'est le tonnerre. On sent que cette voix profonde est celle de grosses pièces et qu'il s'agit d'un siège plus que d'une bataille. Le grondement augmente dans la matinée, surtout si le vent vient de l'est. Entre midi et 1 heure, cela cesse presque absolument et, vers 3 heures, cela reprend. A 6 heures, l'orage lointain redouble de violence, puis, peu à peu, décroît ; mais, souvent, jusqu'à la pleine nuit, 9 ou 10 heures, on perçoit encore, par instants, un coup sourd, un ultime grondement qui dit : « Ce n'est pas fini. A demain ! »

Pendant le jour, on s'accoutume à ce tumulte menaçant, on n'y prend plus garde, et s'il vient à cesser trop longtemps, on s'étonne. Il nous manque quelque chose. Nous vivons au son du canon comme d'autres vivent au son des tziganes.

Ce bruit frappe extrêmement les curieux qui continuent d'affluer. Ils se croient sur un champ de bataille. Rentrés à Paris, ils laisseront entendre qu'ils reviennent du combat. Ils rapportent des éclats de mitraille. Les gamins du pays ramassent, dans les décombres, et chez les chaudronniers, tout ce qu'ils peuvent trouver de vieille ferraille qu'ils mêlent à d'authentiques morceaux d'obus. Ils vendent ces débris aux amateurs, et ceux-ci repartent, triomphants, chargés de fragments de casserole.

24 septembre.

Le canon continue... J'ai mené une jeune Française au champ de l'agonie, à Chamant, saluer la place où tomba le maire de Senlis. J'ai revu, avec elle, le tertre qui recouvre un officier allemand. Le sol qui le cache contient des grains du blé qu'on n'eut pas le temps d'engranger, et dont les gerbes furent, un soir, la couche des envahisseurs. Déjà, ce blé germe sur le corps de l'ennemi abattu ; des pousses vertes sortent, que l'hiver tuera, mais que remplaceront d'autres semailles.

*
* *

Deux goums, en partie démontés, ayant besoin de repos, traversent Senlis, revenant du front. Ces cavaliers sont de beaux hommes, et leur manteau rouge impressionne la population qui admire leur mâle allure, et s'émeut de la petitesse de leurs chevaux nerveux et amaigris. De braves gens offrent à ces fils du Prophète du vin à pleins pichets. Ils acceptent, sauf un, qui refuse en s'inclinant, la main sur le cœur, respectueux du Coran. Il produit de l'étonnement, et ne bronche pas, impassible.

25 septembre

Une maison brûlée fait peut-être moins de peine à voir qu'une maison pillée. J'entre chez des amis qui étaient absents, lorsque les Allemands sont venus. Ils avaient laissé des gardiens. Ceux-ci ont fui. Peu de demeures sont plus agréables, mieux ordonnées que ne l'était celle-ci. Je constate un désastre. Tout a été méthodiquement exploré, jusqu'à un médaillon qui contenait des cheveux et la photographie d'une petite fille morte, et qui a été ouvert parce que son épaisseur a intrigué le pillard. Les écrins sont vides, l'argenterie disparue, les tiroirs forcés, les placards enfoncés, les armoires éventrées. Dans le salon de musique des enfants, leurs instruments sont pêle-mêle, et rompus, après avoir servi. Les sauvages d'outre-Rhin sont musiciens... Ils ont dansé, ils ont chanté, au milieu du vol et de la destruction d'un bonheur domestique et des joies d'une famille.

On dit que la musique adoucit les mœurs!...

Un de ces Tudesques, tout fier d'être un

voleur, si ce n'est pis, a écrit, en allemand, sur la tenture du salon : « Avec Dieu pour l'Empereur et la Patrie ! »

26 septembre.

Est-ce la victoire ? Le canon a fait rage aujourd'hui, mais plus loin...

Les *Gute Leute* s'effacent peu à peu. Senlis ne craint plus de revoir des Allemands. Cette inscription : *Gute Leute* (bonnes gens) a été tracée, à la craie, en caractères gothiques, par des Germains reconnaissants du pain et du vin qu'on leur donnait, quand ils arrivèrent, le 2 septembre. Il y a des soldats qu'un geste ou un mot attendrissent; d'autres ne désarment que devant la satisfaction du ventre. Chacun, en ville, voulait avoir ce *Gute Leute* sur sa porte. Il semblait que des anges exterminateurs fussent entrés dans Senlis pour distinguer entre le seuil du juste et celui du méchant.

Au couvent des sœurs de Saint-Joseph de Cluny, logeait une vieille dame, d'origine allemande, ayant vécu plus de trente ans dans une famille française. Quoique restée attachée à sa patrie, elle aime la France; elle était donc prise entre des sentiments divers... On est venu lui dire qu'il y avait des portes sur lesquelles les Allemands traçaient des mots cabalistiques à la vue desquels l'ennemi se montrait aimable. Elle est sortie du couvent. Un Senlisien l'accompagnait. Il faisait nuit. Point de gaz. A la lueur d'une allumette, elle a pu lire : *Gute Leute.* Le Senlisien avait de la craie. La vieille dame, profitant de l'obscurité, est allée à travers la ville en écrivant, en caractères gothiques, sur les portes qu'elle connaissait : *Gute Leute... Gute Leute.* Le lendemain, Senlis était rempli de « bonnes gens ».

27 septembre.

Jamais la canonnade n'a été plus furieuse. Elle a continué très avant dans la nuit, par coups espacés. La bataille n'est donc pas finie... L'Allemand tient, comme la gale.

Nous aurons connu l'*acarus teutonicus*. Il a trouvé, entre l'Oise et l'Aisne, d'immenses carrières où il s'abrite. On n'arrive pas à l'en déloger. Il avait, dès longtemps, préparé ce refuge. L'*acarus* est prévoyant.

Il n'est pas possible qu'après la guerre, certaines gens n'aient point à rendre des comptes. On sait aujourd'hui que Maubeuge, qui vient de tomber sous les coups ennemis, s'est trouvée, dès le premier jour, encerclée par des pièces de siège dont les plateformes furent préparées en pleine paix, dans des établissements soi-disant industriels, élevés, par les Allemands, à bonne portée de la ville et de ses défenses. On retrouve, dans des journaux d'il y a plusieurs années, l'avis précis de troublants achats de terrains par des sujets germaniques. On savait, d'autre part, leur façon de procéder et comment la Russie s'était émue de rencontrer toujours des colons allemands installés chez elle, sur des points stratégiques.

Pourquoi les fonctionnaires et les ministres, mis en garde, par des campagnes de presse et, mieux encore, par des rapports militaires ou policiers, voire même émanant de citoyens clairvoyants, n'ont-ils, à aucun moment, fait leur devoir ? Les pièces existent; il sera aisé de retrouver qui était, à cette époque, au pouvoir ou en fonctions.

Quel Français osera devant Maubeuge et la France, victimes de la plus lâche impéritie, parler d'épargner les coupables ?

Nous payons de milliers de morts et de blessés, Anglais et Français, les positions des Germains dans la région de Noyon-Soissons, soudain machinée comme une forteresse. De telles défenses ne s'improvisent pas. Qui donc les laissa étudier et préparer avant la guerre ?

Il serait trop commode, vraiment, de témoigner, aujourd'hui, d'un ardent patriotisme et, les pieds au chaud, le cœur à l'aise, de crier : « Vive la France ! Vive l'Armée ! Mort à l'Allemagne ! » et d'être quitte, à si bon compte, de crimes antérieurs, accomplis contre la Patrie. Le sang de nos frères, de nos fils et de nos alliés crie vengeance. Aucune phraséologie ne doit pouvoir sauver des coupables qui auraient perdu la France, si elle n'avait voulu se sauver elle-même.

28 septembre.

Toujours l'attente et toujours le canon. Mais le monstre gronde plus loin. Les nouvelles confirment le recul de l'ennemi.

Les parcs des Xe et XIe corps d'armée traversent la ville. On s'empresse, comme partout, pour alimenter les soldats. Les sœurs de charité courent le long de la colonne, distribuant du café ; d'autres portent du pain, et des enfants donnent leur chocolat... Chaque homme qu'on interroge est optimiste; mais aucun ne sait rien de précis. Ils vont vers la Belgique.

*
* *

Peu à peu, ici, les faits saillants des jours d'épreuve se dégagent de l'amas des versions diverses et des exagérations ou erreurs qui naissent des différences de tempérament, de situation et de vue. Notons, au passage, certains détails de la journée que l'Histoire appellera, peut-être, la « bataille de Senlis » :

L'autorité civile, ou, du moins, ce qui en restait (c'est-à-dire le maire et ses adjoints), n'a été avertie d'aucune façon d'une arrivée de troupes, dans la nuit du 1er septembre, en raison d'un combat où, le lendemain, la ville pourrait se trouver engagée. La mairie n'a rien su de ce qui pouvait se passer.

Il résulte des témoignages recueillis, qu'en fin de journée, le 2 septembre, les défenseurs rassemblés dans le bas de Senlis : zouaves, marocains, sénégalais, etc., avaient pour mission de tenir jusqu'à 6 heures du soir. Leur effort devait être d'arrêter, sur la lisière de la forêt, l'ennemi traversant la ville, et de l'empêcher de s'engager dans la direction de Paris, vers Pontarmé.

Si le maire avait su que l'autorité militaire française était obligée de jeter Senlis dans la bataille et que, jusqu'à la nuit, nos troupes tiendraient bon, il se serait certainement gardé de répondre, l'après-midi du 2, après le combat qui précéda l'accalmie durant laquelle se fit l'entrée des Allemands, comme il répondit au général ennemi, en lui disant, de bonne foi, qu'il n'y avait plus de soldats français dans la ville. Tous les habitants du centre et du haut de Senlis ont cru, à l'exemple du maire, que, la canonnade et la fusillade ayant cessé, les forces françaises laissaient la place libre aux Allemands, et que la bataille était perdue, hélas ! et finie.

Or, le combat a eu deux phases : d'abord, un engagement d'artillerie et d'infanterie, qui dure, de 1 heure et demie à 3 heures et quart; il intéresse la partie haute de la ville ; puis, un combat d'infanterie, qui dure, de 3 h. 30 à près de 7 heures, et qui intéresse le bas de la ville et les parties extérieures limitrophes. Au cours de la première phase, l'artillerie française riposte aux Allemands, avec des pièces en batterie près de Villemétrie, puis en avant de la gare, route de Crépy, et avenue de Compiègne. L'ennemi bombarde la ville, du haut de Chamant, ne voyant guère que des arbres et la flèche de la cathédrale, prise pour cible principale. L'infanterie française tiraille et se replie vers Paris; l'artillerie cède à son tour, appuyée d'un dernier soutien. Silence de vingt minutes. Entrée des Allemands. Soudain, seconde phase : vive fusillade, faubourg Saint-Martin et rues avoisinantes. L'État-major allemand bat en retraite vers Chamant. Il emmène le maire. Les combattants font le coup de feu jusqu'à la nuit.

*
* *

Lorsque les Allemands sont entrés dans la ville, descendant de Chamant, ils sont arrivés par la rue du Moulin-Saint-Rieul. Au carrefour de la rue Carnot, une fraction a pris à gauche, tandis que le gros continuait par la rue de Villevert. La fraction qui prenait à gauche était précédée de cyclistes. Ils ont rejoint et suivi l'avenue de Compiègne. Arrivés à hauteur du café du Chalet, ils ont aperçu un ivrogne, affalé contre le mur de l'octroi et qui, en philosophe, ne semblait pas s'émouvoir. Un honorable habitant de Senlis, attaché à l'hôpital de la Croix-Rouge, au collège Saint-Vincent, sortait de la rue Bellon et arrivait sur le Cours. Il s'arrête, apercevant les cyclistes qui débouchent de l'avenue de Compiègne. Il remarque l'ivrogne. Celui-ci portait tranquillement un litre à ses lèvres et buvait à la régalade. L'observateur qui rebroussait chemin, vers Saint-Vincent, entend un des cyclistes crier: « *Mein Herr*, *komme hier*. »

L'Allemand fait signe, en même temps, à l'ivrogne d'approcher. L'homme s'exclame: « Qu'est-ce que c'est que ça ? » Le *komme hier* se répète impérieusement; l'homme se lève, en titubant, et vient vers les éclaireurs d'extrême pointe, tenant toujours sa bouteille, et disant très haut: « Voilà! voilà! on y va. »

Était-ce un véritable ivrogne demeuré à découvert pendant le bombardement, par inconscience ? Était-ce un espion qui venait de s'embusquer au carrefour du principal accès de Senlis et jouait l'ivrogne? Le point n'est pas élucidé (1).

29 septembre.

Nous avons eu, aujourd'hui, la visite d'un parlementaire aimable et barbu, escorté d'un officier de marine : M. Dalimier, lequel préside aux Beaux-Arts. Il a visité les rues incendiées et a pris note, avec attention, des blessures de la cathédrale. Dans une auto qui accompagnait la sienne, se trouvaient des gens compétents, qui ont parcouru les galeries, exploré le clocher et constaté les dégâts.

On a dit à M. le sous-secrétaire d'État qu'un obus de plus arrivant dans le beffroi,

(1) Les recherches effectuées ultérieurement n'ont pas permis d'identifier cet individu. C'était assurément un espion.

tout tombait. C'est vrai. Le hasard a voulu qu'un projectile atteignît une pierre de soutènement d'un des maîtres-piliers. Elle est à moitié sortie de son alvéole. Si un second obus était venu à la même place, elle sautait complètement, et la flèche s'abattait. Un des plus célèbres témoins de l'art du treizième siècle, la pyramide qui s'élève au-dessus des pinacles du clocher de Senlis, ne serait plus, à présent, que poussière. Mais il est interdit aux Allemands de toucher deux fois de suite le même but, car, à chaque coup, leur canon se déplace.

La canonnade supplée, chez eux, à la qualité par la quantité. Nos vieilles pierres auraient pu trembler, si elles n'avaient su, depuis longtemps, ce que valent les reîtres d'Allemagne.

Vue d'en bas, la cathédrale ne semble pas très atteinte. On compte une vingtaine de cicatrices qui paraissent légères. Quand on est dans les galeries du pourtour extérieur, on est frappé du nombre de pierres réduites en gravats. A certains endroits, on marche au milieu des décombres, des éclats de mitraille et des balles de shrapnells. La réparation nécessaire sera délicate. Il faudra se garder de restaurer, et seulement consolider. Les blessures du temps et de la méchanceté des hommes sont la parure des vieux monuments.

*
* *

Des membres du Cabinet venus à Senlis, le seul M. Dalimier a eu la courtoisie de voir l'Archiprêtre de la ville, M. le chanoine Dourlent, dont la conduite fut au-dessus de tout éloge, aux heures tragiques de l'occupation allemande. A l'instant le plus pénible, il a été, avec le maire, si vite disparu, l'unique autorité que les circonstances ont placé en présence de l'ennemi. Quel témoin plus intéressant et plus autorisé à entendre ?

Son témoignage, le voici tel que j'ai pu le recueillir :

« Le 2 septembre, dans la matinée, j'ai suivi la bataille, du haut du clocher de la cathédrale. Je voyais les obus français arriver sur l'ennemi et former un nuage blanc lorsqu'ils éclataient. L'action se rapprochant, je me suis retiré chez moi pour être à l'abri du bombardement que l'ennemi a commencé, vers 2 heures, sur Senlis. Un peu après 3 heures, le bombardement a cessé. Les Allemands sont entrés dans la ville, venant de la direction de Chamant où étaient les batteries qui avaient pris pour cible la cathédrale et le clocher.

J'ai pu constater, à ce moment d'accalmie, la détérioration du lanternon de la flèche et la chute d'une statue qui avait entraîné celle d'une gargouille de la balustrade, entre les tours de la façade occidentale. Les pierres tombées du clocher encombraient, de ce côté, le parvis. J'évalue à une cinquantaine d'obus les projectiles qui sont arrivés sur l'église.

J'étais chez moi, place de la cathédrale, quand j'ai entendu frapper à grands coups contre une des portes du sanctuaire. Des Allemands venaient de ramasser le bloc de pierre formé par la gargouille détachée du monument, et s'en servaient, comme d'un bélier, pour enfoncer une des petites portes de la façade occidentale. Je suis sorti, comprenant que ces soldats désiraient monter dans le clocher. Je leur ai fait signe que la porte était sur une autre face, non loin de là. Ils étaient six : quatre hommes de troupe et deux gradés, dont un officier. Ils ont braqué sur moi leurs revolvers et, dans l'instant où des coups de feu retentissaient en ville, l'un d'eux m'a saisi brutalement par l'épaule en me déclarant prisonnier. Je leur ai expliqué que j'étais tout disposé à leur ouvrir, mais qu'il fallait que je prîsse la clef au presbytère. Deux soldats m'ont accompagné. Je suis revenu avec la clef, et j'ai précédé les Allemands dans l'escalier du clocher. Ils avaient toujours revolver au poing et soutenaient que l'on avait tiré sur eux du haut des tours. C'était aussi inexact qu'impossible. Moi seul étais monté dans le clocher, et la clef ne m'avait pas quitté. Dès qu'ils ont pu se rendre compte qu'il n'y avait aucune trace d'occupation militaire dans les tours, et que personne ne s'y trouvait en embuscade ou en observation, ils sont redescendus, et l'officier m'a salué poliment. J'ai pu rentrer librement au presbytère. J'y étais encore, lorsque le concierge de l'Hôtel de ville, Boullay, est venu me dire que l'autorité allemande me réclamait comme otage et me donnait une demi-heure pour me rendre au *Grand-Cerf*. Je me suis rendu à cet hôtel où, sur réquisition de l'État-major allemand, un dîner de trente couverts était préparé par un cuisinier de Senlis, à défaut du personnel de la maison, absent. J'ai attendu au *Grand-Cerf* que quelqu'un s'occupât de moi. Je voyais aller et venir des officiers et des soldats ennemis, indifférents. Au bout d'un certain temps, j'ai prévenu Debressy, le cuisinier, que nul ne se souciant de ma personne, il était mieux que je rentrasse au presbytère où je serais à la disposition du général. Je suis revenu chez moi. Après quoi, ayant réfléchi, je n'ai pas tardé à revenir au *Grand-Cerf*, inquiet de savoir si on m'y demandait. J'ai assisté encore à des allées et venues sans qu'aucun des ennemis ne fît attention à ma présence, et j'en étais là, quand j'ai vu passer un colonel allemand, qui parlait français. Je me suis avancé et je lui ai dit :

— Monsieur le colonel, je suis le curé de Senlis ; je voudrais bien savoir s'il est nécessaire que je reste ici et ce que je dois faire ?

— Qui vous a dit de venir ?

— Le général m'a fait donner l'ordre de me rendre au *Grand-Cerf* comme otage. Je serais heureux de parler au général.

— Le général n'est pas là, monsieur le curé. Il ne viendra pas. Le meilleur parti pour vous, c'est de rester dans cet hôtel et de n'en pas sortir. Avant une heure votre ville sera incendiée.

— Incendiée !... Mon Dieu ! Est-ce possible ? Pourquoi cela ?

— Parce qu'on a tiré sur nos troupes, du haut du clocher.

L'indignation l'a emporté en moi sur toute crainte. Aussi bien, dès le matin, avais-je fait le sacrifice de ma vie.

— Monsieur, je vous jure que personne autre que moi, depuis l'imminence des hostilités autour de Senlis (sauf quand j'ai accompagné vos soldats, tout à l'heure), n'est monté dans le clocher. Je vous jure que la clef n'est pas sortie de ma poche et que le général est inexactement renseigné.

— Monsieur le curé, des habitants ont fait feu sur nos troupes.

— Monsieur le colonel, je n'en sais rien et je ne peux répondre de ce qui se passe en dehors de mon église. Je vous répète seulement et je vous jure qu'aucun habitant n'a pu pénétrer dans la tour du clocher. Il serait abominable de condamner une ville sur un rapport mensonger.

— Nous avons vu ailleurs les habitants assassiner nos soldats. A Louvain, ils tiraient de toutes les maisons.

— Sur Dieu qui m'entend, monsieur, ici, personne n'a tiré du clocher.

Le colonel a paru frappé de l'accent de mes paroles et il a répondu :

— S'il en est ainsi, monsieur le curé,

vous rendez un grand service à votre ville. Il nous est très pénible de sévir ; la guerre a de cruelles nécessités ; le général avait donc décidé de faire de Senlis un nouveau Louvain ; mais sur votre déclaration, je vais lui parler ; j'espère atténuer la rigueur de sa décision.

— Je vous en supplie, monsieur, au nom du ciel, faites que le général puisse m'entendre. Je lui répèterai tout ce que je viens de vous dire. Je lui donnerai les preuves qu'il voudra de la sincérité de ma déclaration.

— C'est inutile, monsieur le curé ; je vois que vous dites la vérité. Rentrez chez vous et soyez sans crainte.

J'ai insisté, mais en vain, dans l'espoir d'arriver jusqu'au général et de pouvoir intercéder en faveur de M. Odent. »

30 septembre.

Le bruit du canon vient toujours de plus loin. Les communiqués sont gros de promesses qui, malheureusement, restent imprécises.

On rencontre des gens inquiets des Russes. Je suis arrêté, questionné : « Vous connaissez ce pays-là... » Et me voici, au coin d'un chemin, expliquant à un notable les lignes de Thorn-Dantzig, puis l'obstacle des Karpathes, le passage par la Silésie. Je fais, avec ma canne, des dessins militaires sur le sable, comme l'oncle Tobie... Des ouvriers qui surviennent, s'arrêtent. Je me sauve et je tombe sur des Parisiens : un journaliste connu, le président d'une association artistique, un architecte, un peintre, que les malheurs de Senlis ont attirés et qui voudraient faire quelque chose pour « cette bonne vieille petite ville d'autrefois ».

*
* *

Des équipages de corps d'armée continuent de passer et cantonnent. Aujourd'hui, c'est le parc du VIIe corps. Il vient de l'Est et va vers le Nord. Les bonnes gens de Senlis ne se lassent pas de rafler le pain dans les boulangeries pour le distribuer aux soldats, accompagné de pommes, de poires, de noix et autres douceurs. Je rencontre un ami, cavalier émérite ; il se promène avec des paquets de cigarettes dans ses poches. Je le prends en flagrant délit de distribution. Il a horreur de faire montre de ses sentiments et me regarde d'un air furieux.

— Ils demandent tous des cigarettes... Je n'en donne qu'aux hommes qui montent bien !

1er octobre.

Le siège suit son cours...

Les fourgons d'une escadrille d'aérostiers cantonnent à ma porte. Ces soldats de l'air appartiennent à l'armée de l'Est. Ils ont vu Reims, en passant, et la glorieuse basilique après son bombardement. Ils expriment leur indignation en termes militaires. Deux me suivent que je mets à table. Leur langue se délie. Tous les méfaits grossiers des Teutons, ils les répètent. Ils ont été témoins de crimes et de cruautés. Mais, de cela, les journaux sont pleins. Ce qui est doux à retenir, malgré l'émotion qu'on éprouve d'un tel témoignage, c'est la bonne humeur avec laquelle ces humbles, ces fils de l'atelier, mécaniciens ou monteurs, hier, dans une usine, parlent des Allemands et des rigueurs de la guerre. Ils ont une assurance simple et joyeuse, qui est toute la force de notre race. Et comme ils aiment leur métier !

— On en a de la chance, dit l'un : nous avons descendu sept « Taubes, » pour notre part. Pas un de chez nous n'y est resté. L'autre escadrille du corps d'armée a perdu trois avions avec ses pilotes et observateurs.

— Chacun n'a pas la même veine, observe son camarade.

*
* *

Nous avons eu un coup au cœur en lisant

les journaux, ce matin : ils annoncent le rétablissement de la dignité de Maréchal de France.

Cette information est pleine de sens.

Les quotidiens n'ont pas des informations de ce prix tous les jours. Il en est même qui publient des articles fort inattendus. On voit, avec stupeur, reparaître la signature de M. Camille Pelletan. Il a l'audace inconsciente de donner son opinion, de traiter les Allemands de barbares, et le Kaiser de fou. Personne n'est donc là pour lui rappeler qu'il fut ministre de la Marine ? On a oublié son retour d'Algérie, en voyage de noces, sur un bateau de l'État. Il faisait porter, par des marins, dans une cage fleurie, une gazelle vivante, avec laquelle il défila dans Toulon. On ne se souvient plus de la désorganisation complète de nos arsenaux, de la suppression du travail à la tâche, de l'incendie des cales Vauban, quand cet extravagant ministre ne put tenir ce qu'il avait promis aux meneurs révolutionnaires ; de son retour à Toulon pour un banquet de conciliation, à l'issue duquel, après qu'il se fut répandu en divagations oratoires, les ouvriers ivres lui baisaient les mains en l'appelant « papa ? »

Qu'il ne soit point un méchant homme, au privé, c'est possible ; qu'il ait un certain talent de plume, c'est évident; mais qu'il représente, au plus haut degré, les fautes contre la Patrie, commises par le parlementarisme, voilà qui n'est pas moins prouvé (1).

2 octobre.

L'orage continue son roulement de tonnerre... On a beau dire qu'on s'habitue à tout, on a beau ne pas vouloir penser à l'obus qui part et passe dans l'air qu'il déchire, on finit par entendre son sifflement sinistre, par voir le point de chute, suivi, aussitôt, d'un éclat formidable, accompagné de cris de douleur, dans une poussière de terre, de

(1) Depuis lors, M. Pelletan a cessé de vivre. Ses fautes ne relèvent plus de nous. Ne les rappelons qu'en raison des complices qui s'y associèrent et qui sont encore vivants.

pierres, de mitraille, et l'on imagine un des siens là-dedans...

Depuis hier nous avons en garnison un bataillon du 87e d'infanterie territoriale, et nous revoyons des sentinelles aux issues de la ville. Il n'est plus possible d'entrer et de sortir sans laissez-passer. On raconte que l'on fait d'importantes tranchées du côté de Pont-Sainte-Maxence et de Crépy-en-Valois, et que pour amener les Allemands à sortir des carrières de Tracy-le-Mont et régions avoisinantes, on va leur céder du terrain...

*
* *

Le bruit court que Benoît a été fusillé.

Ce cas mérite d'être rapporté.

Benoît (exactement Benoît Decrens), domestique au service de M. Limoges, commissaire priseur, après avoir été au service de son prédécesseur, était connu depuis longtemps à Senlis. Il a rendu une foule de services pendant les jours cruels que la ville a traversés.

Les Allemands, entrés le 2, ont été délogés définitivement le 10. Trois d'entre eux, des officiers, dit-on, s'étaient installés dans la maison du commissaire priseur, que gardait Benoît. Celui-ci qui, à aucun moment, n'a manqué de patriotisme ni d'humanité, a dû avoir la cervelle en désordre, après la mort du maire. Témoin de cet odieux assassinat, il avait échappé à une même fin, par miracle, et passé toute une nuit dans l'attente du supplice. Il ne dormait plus et ne mangeait pas. Il allait et venait, fiévreux, se multipliant aussitôt qu'on faisait appel à ses bons offices. Arrive le 10 septembre. Les zouaves, à Senlis, font la chasse aux Allemands. Ils sont prévenus que « trois Prussiens » logent chez le commissaire priseur. C'est le matin. Ils y vont, frappent. Benoît ouvre. Ces zouaves étaient conduits par un lieutenant de chasseurs à pied.

— Vous avez des Prussiens ici ? dit, à voix basse, l'officier francais ?

— Non, monsieur.

— Comment « non ? »

— Non, je n'ai pas de Prussiens, mon lieutenant.

— Qu'est-ce que vous dites ? Nous sommes sûrs qu'il y en a trois dans cette maison.

— Je vous jure qu'il n'y a pas de Prussiens. Je vous jure qu'il n'y en a pas...

Au cours de cette discussion, les zouaves et l'officier viennent d'entrer dans une cour. A ce moment, deux Allemands paraissent à une fenêtre et tirent. Un zouave a le lobe d'une oreille arraché ; son caporal est blessé près d'un œil.

Les soldats s'élancent; d'autres s'emparent de Benoît. Les trois Allemands se rendent.

Benoît, coupable de recel de l'ennemi et de trahison, est emmené séance tenante; l'officier ordonne qu'on le fusille.

Un adjoint, averti, supplie l'officier de ne pas céder à son premier mouvement, si évident que soit le crime... Benoît est devenu fou ! Il faut qu'on l'examine, qu'on le juge... Il parle si chaleureusement que le lieutenant revient sur sa décision. Benoît est conduit à Paris. On ne l'a pas revu.

Son cas, pour quiconque a été témoin de son dévouement et de sa conduite passée, n'est explicable, comme l'a dit l'honorable adjoint, que par l'hypothèse d'un instant de folie (1).

(1) Voici, à la décharge de ce malheureux, un document qui établit l'estime où on le tenait, puisque c'est à lui que M. Odent, près de mourir, confia ses papiers et sa dernière pensée pour les siens. Cet émouvant procès-verbal vient authentiquer ce que j'ai pu connaître et noter, précédemment, de la mort tragique du Maire de Senlis :

« Le mardi 8 septembre 1914,

« M. Benoît Decrens, domestique, demeurant à Senlis, rue de Beauvais, 14, 52 ans ;

« M. Marius Delacroix, maréchal ferrant, demeurant à Senlis, rue de Bordeaux, 60 ans ;

« Déclarent ce qui suit :

« Le mercredi 2 septembre, dans l'après-midi, après le bombardement de Senlis, nous avons été arrêtés par des soldats allemands : Benoît, près de la maison Encausse, à la Porte de Compiègne, Delacroix, sur le pas de la porte de sa maison. Ils nous ont emmenés, le revolver au poing, sur la route de Compiègne, au Poteau. Là nous avons retrouvé M. Eugène Odent, seul ; il y avait été conduit en automobile, du *Grand-Cerf*. Nous étions six Français : M. Odent, M. Delacroix, M. Benoît, M. Boullay, paveur, M. Chamborant, frère de Mme Encausse, M. Quentin, sellier, rue des Vignes. Les Allemands nous ont d'abord fait séjourner sur le bas-côté

3 octobre.

Satan nous donne sa sérénade quotidienne... Au son de cette musique, je vais à Chamant.

L'acte de décès des victimes assassinées, le 2 septembre, a dû être dressé dans cette petite commune. Je trouve une mairie en désordre. Elle a été mise à sac par l'ennemi. Le maire est aux armées, l'adjoint n'était pas là ; un brave homme s'est dévoué. Il a commencé à ranger de son mieux le matériel scolaire de la Mairie-École. Les registres de

de la route de Pont, près les sapins de Mme Moinet ; puis ils nous ont fait remonter au Poteau et prendre le chemin vert de Chamant jusqu'auprès de la maison de M. Tarcy. De là, ils nous ont conduits à travers un champ, à droite, vers le bois de Bon-Secours, lieu dit « les Glands ». Vers onze heures du soir, un officier allemand est arrivé et nous a tous fait coucher à plat ventre, puis il nous a fait mettre debout et s'adressant à M. Odent qui était en tête, il lui a demandé s'il était bien le maire de Senlis. M. Odent a répondu affirmativement. L'officier lui a commandé d'avancer et lui a dit : « Monsieur le Maire, vous avez tiré et fait tirer sur nos « soldats — peine de mort. » M. Odent répondit qu'il n'avait ni tiré ni fait tirer. L'officier a maintenu sa déclaration. M. Odent vint nous serrer la main à tous. Il l'état civil sont sains et saufs, grâce à lui, dans un placard. Il a failli être fusillé. Les Allemands l'accusaient d'avoir empoisonné l'eau.

— S'ils revenaient, dit-il, je ne resterais pas. C'est trop dur.

L'instituteur, secrétaire de Mairie, étant aussi mobilisé, on vient d'envoyer un jeune homme de dix-neuf ans pour le remplacer. Il partira, le mois prochain, avec la classe 1915. Il est là depuis peu et connaît déjà son devoir de sous-officier de l'état civil. Il trouve le registre que je désire consulter.

donna à Benoît des papiers et des pièces de monnaie en disant : « Vous remettrez ceci à ma famille. Adieu, nous ne nous reverrons plus... » Immédiatement, deux soldats allemands se placèrent entre lui et nous et, sur un commandement de l'officier, tirèrent à bout portant sur M. Odent qui tomba sur le côté droit, un peu à la renverse, sans pousser un cri. Un soldat s'approcha pour lui donner le coup de grâce. Ils l'enterrèrent aussitôt sur place.

« Ensuite, l'officier s'adressant à nous, dit : « La guerre « est triste pour vous comme pour nous. Nous la faisons « aux soldats ; mais quand les citoyens tirent sur nous : « peine de mort. C'est l'ordre de l'état-major... »

« Le lendemain, dans la matinée, quand ils partirent vers Montlévêque, ils nous remirent en liberté. Nous sommes rentrés tous les cinq à Senlis.

J'ai devant moi la preuve authentique de la mort de sept innocents. Chaque décès, rédigé sur le papier timbré du cahier officiel, est du même style, de la même plume, du même jour, — sans signature de maire ni d'adjoint. L'un ou l'autre signera à son retour. Nous sommes en guerre!

Voici, pour l'Histoire, l'acte de décès du maire de Senlis :

N° 21 décès 13. ODENT René-Eugène.	Le deux septembre, mil neuf cent quatorze. René-Eugène ODENT, né à Senlis, le vingt-cinq août mil huit cent cinquante-cinq, propriétaire, maire de Senlis, fils de Jean-Henri Odent et de Élise-Joséphine Sagny, tous deux décédés; époux de Marie-Cécile-Eugénie Odent; domicilié à Senlis, rue du Faubourg-Saint-Martin, n° 19, et décédé territoire de Chamant.

C'est tout.

« Et ont signé, après lecture, affirmant la sincérité de leur déclaration :

« Benoit Decrens. Delacroix. »

***

Benoît Decrens n'a pas été fusillé. Passé en conseil de guerre, il a été acquitté ; il devait l'être.

Décédé « territoire de Chamant, » rien de plus, et cela suffit. C'est la froide et implacable légalité qui, dans l'imprécision de ce lieu de mort : « territoire de Chamant », précise à jamais le meurtre et en résume l'infamie.

Les six autres malheureux, fusillés sur le même « territoire », la même nuit, à l'est du champ, s'appellent :

Rigault Arthur, tailleur de pierres, né le 9 juillet 1853 ;

Aubert Romuald-Émile, ouvrier mégissier, né le 9 juillet 1862 ;

Pommier Jean-Baptiste-Élisée, manouvrier, né le 18 janvier 1847 ;

Barbier Jean-Stanislas, charretier, né le 6 juillet 1848 ;

Cottrau Arthur-Lucien, plongeur, né le 25 janvier 1897 ;

Dewert Pierre (pas de profession indiquée), né le 13 février 1869.

Ce dernier est un Belge ! C'est complet... Oui, il s'est trouvé un Belge parmi les innocents abattus au champ d'agonie par les tueurs de Guillaume II ! Que faisait, de son métier, ce pauvre homme ? C'était un chauffeur.

Aucun de ces malheureux n'a été pris dans le bas de la ville, au lieu du combat. Ils ont été raflés ailleurs, sur le trottoir, et rien n'y a fait : ni l'âge, ni l'humilité de la condition. Un enfant de dix-sept ans, le petit Cottrau, a été massacré comme Pommier, presque septuagénaire. Nul tribunal, nul jugement, nulle raison : l'assassinat pour le plaisir d'assassiner.

4 octobre.

Solo infernal, comme tous les jours. Tantôt cela augmente, tantôt cela diminue. Les quotidiens affirment que l'ennemi recule. Senlis ne paraît pas rassuré. Nous nous sentons enveloppés d'espions. Notre petite ville est un point d'observation qui a son importance. Les allées et venues d'automobiles et de troupes de toute nature, entre Paris et le front, ont une signification dont un observateur averti peut tirer des indications utiles. C'est pour cela, sans doute, que les mesures de surveillance redoublent... tardivement. Interdiction formelle de dépasser la ville, dans la direction du front, à quiconque n'appartient pas à l'armée. La bicyclette et l'automobile sont rigoureusement proscrites, de sorte que les médecins de Senlis ne peuvent pas continuer leurs soins aux malades des environs !

5 octobre.

Même musique...

Nous avons ici, depuis hier soir, une notable partie des parcs de l'armée anglaise. Les soldats comptent ne repartir qu'après-demain. On les fête. Tommy Atkins trouve Senlis de son goût. J'ai causé, quand ils arrivaient, avec les deux « boys » de l'automobile du « Captain Robinson », commandant du parc installé à ma porte. Ils venaient du front, après avoir assuré le ravitaillement en vivres et munitions. Ils n'avaient pas eu le temps de prendre le thé de l'après-midi. Il était 9 heures. Ils allaient dormir dans leurs voitures; mais avant, ils feraient le thé. Ils ont tout ce qu'il faut pour se tirer d'affaire et quand je m'éloigne, après avoir serré la main du « captain, » que je voulais loger, mais dont, déjà, la Municipalité, diligente, a assuré l'hospitalité, je vois les « boys » contempler la bouilloire qui chante.

— *Here is the cup of tea... Good night!*

Senlis a dormi sous la garde de l'Angleterre.

Ce matin, inquiet de ce canon qui ne finit pas, de ces Anglais, peut-être repliés sur Senlis, j'ai passé quelques heures à Paris.

J'ai vu un officier général en retraite, placé pour être bien renseigné. Je l'ai trouvé penché sur des cartes et mécontent.

— Les journaux, les journaux... Est-ce qu'ils savent? Est-ce qu'on sait, d'ailleurs? Et même, si les journaux pouvaient parler, comprendraient-ils quelque chose à cette guerre? Personne n'y comprend rien. Elle se fait au mépris des lois de la tactique et de la raison. C'est déconcertant. Cette marche des Allemands sur Paris a été folle; leur retraite, à présent, ne rime à rien, et ce que nous faisons à pas grand'chose. On s'étend, on s'étend... Il est incompréhensible que sur une ligne aussi longue, nous ne puissions foncer à droite et couper les voies par lesquelles l'ennemi se réapprovisionne... Oh ! il n'y a pas à désespérer, pas même à craindre; mais la lutte serait moins terrible, si nous avions eu le matériel lourd nécessaire. Ah ! les politiciens ! Que de vies et de pertes ils nous coûtent ! Si nous avions eu du matériel lourd, mon ami, les Allemands ne seraient pas sortis de Belgique... Et Dieu sait, pourtant, si l'état-major a prié et supplié... C'était pour la France !... Ce qui nous sauve, c'est que nous avons des hommes de ressources. Savez-vous comment Galliéni a décidé et arrêté, d'accord avec Joffre, l'opération qui a déclanché la bataille de la Marne et la défaite de l'ennemi ? En quatre heures. Tout a été ensuite préparé en trente et une heures de travail d'état-major. Et vous avez vu comme ça a marché ! L'armée de Maunoury arrivait du Nord, très éprouvée. Galliéni a pu, en deux jours, la renforcer, et la diriger aussitôt vers l'Ourcq, en plein flanc droit de l'ennemi, en même temps qu'utilisant les moyens de transport rapide, chemin de fer et autos que lui fournissait Paris, il poussait vers Villers-Cotterets les renforts dont il disposait.

Cette offensive improvisée a, pour une grande part, décidé de la retraite des Allemands. Il sera bon qu'on s'en souvienne (1).

(1) Les paroles ci-dessus rapportées, au sujet de la bataille de la Marne, sont la reproduction fidèle des propos tenus par un ami du général Galliéni, et concordent absolument avec la manière brève et précise dont le Gouverneur de Paris résumait, devant ses intimes, son intervention dans l'offensive qui nous ramena la victoire. Elles se trouvent confirmées par une lettre, que je venais de recevoir, quelques jours plus tôt, et où le général, que je connaissais, avait, incidemment, défini, en quelques lignes, son rôle dans l'épopée du début de septembre.

La mort du grand homme de guerre et immortel Français, que la France tout entière a pleuré, me permet, aujourd'hui, de publier ici le passage de cette lettre, qui

6 octobre.

Suite du programme musical... On court au-devant du journal, le matin, pour lire le compte rendu de la représentation de la veille, dont nous n'avons entendu qu'une partie d'accompagnement, car dans les coulisses de la guerre, on ne sait pas ce qui se passe sur la scène. Quand on a lu les journaux, on n'est pas plus avancé. Nous gagnons du terrain, nous en perdons; nous en perdons, nous en gagnons. On ne sait pas!

Sommes-nous vraiment en guerre et est-ce bien le canon que nous entendons? On ne sait plus.

constitue un document de premier ordre pour l'histoire de la guerre, puisque le général Galliéni lui-même y définit sa coopération au triomphe de nos armes, sur l'Ourcq et sur la Marne.

... *Comme vous le savez, c'est cette armée* (armée Maunoury) *qui m'arrivait du Nord assez mal en point, fin août, que j'ai pu renforcer et étoffer pendant deux jours, et que j'ai dirigée aussitôt sur le flanc droit des Allemands, vers l'Ourcq, tandis qu'utilisant les moyens de transport rapide, chemins de fer et autos, que me fournissait Paris, j'ai pu pousser, vers Villers-Cotterets, les renforts que je recevais au fur et à mesure de leur arrivée. Ces mouvements ont contribué pour beaucoup à la retraite des Allemands dans les premiers jours de ce mois* (septembre).

Le titre d'une colonne suffit à nous rappeler à la lugubre réalité. Ce titre n'a que trois mots : *Tués à l'ennemi*. On lit la funèbre liste, nom à nom, grade à grade, lettre à lettre; on la lit, la gorge sèche, le cœur serré, puis on respire : on est arrivé, sain et sauf, au bout de l'énumération, et l'on murmure : « Merci, mon Dieu ! »

Saluons et admirons les vaillants tombés pour la Patrie et inclinons-nous devant leurs familles en deuil.

Si aucun de ces braves, aujourd'hui, n'est de notre sang ou de notre intimité, ce n'est pas tous les jours ainsi. Voilà bien des fois qu'arrêté par un nom aimé, j'ai dû m'interrompre, tout à l'évocation d'une figure que je ne reverrai plus; voilà bien des fois que j'ai repris cette pénible lecture, en tremblant de trouver encore quelqu'un de cher à mon cœur... Ces jours-là, on essaye d'être moins imparfait. Les belles morts rendent meilleurs les survivants qui les comprennent. Le terrible est d'écrire aux parents désolés, de trouver des termes pour exprimer ce que l'on sent. Comment dire ce qu'on éprouve? Les mots sont impuissants à traduire les émotions de l'âme, dans le drame national le plus grand de notre histoire.

*
* *

Des convois anglais séjournent à Senlis. La nuit fut froide. J'ai prêté une couverture à Tommy Atkins qui a dormi dans une auto découverte. Quand je passe, au matin, sur le Cours, il me remercie et m'accompagne jusque chez moi, rapportant la couverture. Près du seuil, il se décide. Il hésitait; je le voyais soucieux. Il m'offre de m'acheter la couverture. C'est un lainage confortable, que je projetais de garder pour quelque officier ou soldat français, moins fourni que les heureux enfants de la Grande-Bretagne. Mais comment ne pas faire plaisir à Tommy Atkins? Je lui dis d'accepter la couverture, puisqu'elle lui plaît. Sa figure s'éclaire. Il me remercie d'un mot, accepte un doigt de fine champagne (*old wisky... Very nice!*), le boit d'un trait et se sauve. Les Anglais, on le sait, ne sont pas expansifs. A vrai dire, celui-ci n'avait pas l'air à son aise. Je l'avais surpris en pleine toilette, à la fontaine du coin de la rue. Il s'était interrompu pour me suivre, en bras de chemise. Quand je reviens, il se présente dans la plus correcte des tenues, et je comprends que, tout à l'heure, il était fâché de se voir dans ma maison, en négligé du matin. Il s'excuse et trouve des mots charmants pour remercier.

C'est un jeune homme de vingt-trois ans, ouvrier de l'industrie automobile.

La présence des Anglais à Senlis intéresse les habitants qui s'émerveillent de leur alimentation et de leur confort. Il y a foule de commères autour des cuisines où le maître-coq a élaboré un pudding qu'il distribue à ses camarades, en larges tranches recouvertes de confiture. La plupart des femmes qui sont là, surtout les jeunes, font entendre, Dieu sait comment! qu'elles seraient heureuses de goûter au pudding. Chacune en

8.

reçoit un fragment au bout d'une cuiller de guerre, léchée à tour de rôle. Elles sont ravies, et les Anglais ne donneraient pas, pour une soirée à l'*Empire*, ce flirt gastronomique avec les *girls* de Senlis.

Plus loin, un calvaire s'érige sur le Cours, à l'extrémité d'un des parcs du convoi, là même où est un poste. Ce poste s'est groupé au pied du calvaire. Le soleil resplendit, et la sentinelle anglaise monte la garde, à l'ombre du Crucifix.

Un enterrement se dirige vers le cimetière; il va passer près d'un autre poste qui se range et présente les armes au moment où le clergé, suivi du cercueil, arrive devant lui.

7 octobre.

Est-ce possible ? Pas de canon, ou si peu : un ou deux grondements très loin. C'est à n'y rien comprendre. Les nouvelles ne sont pas des meilleures. « On a perdu du terrain çà et là, et d'importantes masses de cavalerie ennemie avancent dans la direction de Lille. »

Avant-hier, du côté de Compiègne-Tracy-le-Mont, la canonnade a fait rage, beaucoup plus rapprochée qu'à l'ordinaire. Nous avions l'impression d'un recul de nos troupes. Nous nous sommes trompés. Les équipages de ponts du 1er génie surviennent, qui confirment que la situation est bonne. Ils disent grand bien des Anglais avec lesquels ils ont voisiné. Nos officiers sont fertiles en anecdotes. L'un deux me conte celle-ci :

Dans l'Aisne, à F..., est une verrerie, la plus importante de France. Une jeune fille de dix-sept ans, de la famille du directeur, parti aux armées, s'y trouvait à peu près seule, avec sa mère, quand, durant la période critique de la retraite vers Paris, un gros convoi de l'armée anglaise arrive, en pleine nuit, totalement égaré. L'ennemi est à proximité. Pas d'interprète et, quoique parmi les officiers deux ou trois aient de bonnes notions de la langue française, la différence de prononciation rend inintelligibles aux gens qu'ils questionnent les noms de lieux qu'ils citent pour retrouver leur direction. Le commandant du convoi ne sait plus à quel saint se vouer, quand paraît une jeune personne qui parle anglais couramment. C'est la fille du directeur de la verrerie. Elle fait entrer les officiers dans le cabinet de son père. Ils expliquent d'où ils viennent et où ils veulent aller. Elle ouvre la carte, leur démontre qu'ils ont pris un mauvais chemin, leur indique la bonne voie et, point par point, trace l'itinéraire le meilleur qu'ils doivent suivre. Tout cela se passe devant sa mère qui n'entend pas l'anglais. Lorsque la jeune fille a terminé son travail, avec la minutie d'un officier d'état-major, le commandant la remercie et lui dit :

— Les Allemands ne sont pas loin. J'espère que vous n'allez pas rester ici, car après ce que vous venez de faire pour nous, il suffit d'une indiscrétion, et vous pouvez être fusillée.

— Croyez-vous?... Eh bien! tant pis! Je n'aurai fait que mon devoir.

Il y avait là cinq gentlemen qui, tête nue, ont, l'un après l'autre, respectueusement porté à leurs lèvres la main de cette petite Française.

8 octobre.

Plus de canon, au loin, et plus de troupes auprès. N'était un convoi d'Anglais qui passe, le soir, et la théorie des autos qui vont et viennent de Paris au champ de bataille, nous n'aurions plus, aujourd'hui, l'impression de la guerre... Mais les ruines de nos maisons nous rappellent le péril.

On assure que le Président de la République, revenant des armées, a traversé la ville sans s'arrêter, la veille, assez tard. Personne n'était prévenu. Pour nous consoler de ce passage incognito, nous avons eu, ce matin, dans les journaux, une lettre de M. Poincaré à nos soldats.

9 octobre.

Le canon s'est complètement tu. On n'ose pas croire que l'on n'entendra plus son grondement menaçant. « L'axe de la bataille s'est déplacé, » disent les feuilles. Il est plus au nord. L'Allemand, peu à peu, rétrograde.

Les Russes progressent. Le public les suit, pas à pas. Il ne comprenait rien, d'abord, aux difficultés qu'ils ont à surmonter. Il a compris. On rencontre des simples qui disaient des sottises, il y a deux mois, à leur sujet, et qui, maintenant, ont pris la peine d'ouvrir un atlas et jugent sainement la situation. Cette faculté de notre race à s'adapter et à comprendre est admirable.

Nouvelles d'Anvers inquiétantes. La ville est bombardée à outrance.

J'étais, une fois de plus, en juillet dernier, ému et ravi, dans le logis des Plantin. Qui ne sait le sonnet fameux :

Avoir une maison commode, propre et belle...

Cette maison, merveille bourgeoise du seizième siècle, les obus des Teutons peuvent l'incendier avec les richesses et les souvenirs inappréciables qu'elle contient.

Reverrons-nous

Le jardin tapissé d'espaliers odorants?

Ombres des Plantin demeurées attachées à ces lieux illustres, puissiez-vous les protéger. Mais, sans doute, l'Allemand n'ignore pas que Plantin, l'aïeul, vint de France à Anvers, et que cet érudit greffa sur l'héroïsme et la sagesse des Flandres, l'entrain et l'esprit de la Touraine. Il ne sera point fâché de détruire le Musée Plantin. Quel but digne de la « Kultur » germanique ! Et, tout près, la maison de Charles-Quint ; un peu plus loin, la cathédrale et ses trésors : les Rubens, la tête mystérieuse du Christ par le Vinci... Les canons et les zeppelins de la civilisation germanique ont de quoi faire.

L'Allemand a porté à Anvers les grosses pièces qui ont brisé Maubeuge. De sorte que notre imprévoyance qui permit les préparatifs sournois d'un abominable ennemi, sur notre territoire, en pleine paix, seront cause, pour une part, de la chute du réduit suprême de la Belgique. Cette défaite imposera aux Belges un surcroît de sacrifices, et aux Anglais, comme à nous-mêmes, de plus pénibles efforts.

*
* *

M. de Mun, mort subitement ces jours-ci, a été magnifiquement loué, comme il le méritait. Le plus beau témoignage de ce qu'il fut, lui est rendu par un de ses fils, qui est au feu, et qui télégraphie à sa mère, qu'étant au combat, il ne peut quitter le front pour accompagner son père au tombeau.

Combien d'autres, de son grade, portant un nom honoré, auraient traversé la France afin d'assister aux obsèques d'un père bien-aimé? Tout le monde eût trouvé cela naturel; tout le monde — sauf le mort. Et son fils l'a bien compris qui, écoutant au fond de sa conscience la voix paternelle, reste au feu et combat pour son père et pour lui-même.

10 octobre.

Silence complet. Rien ne vient du champ de bataille et rien n'y va, qui mérite d'être signalé. La bonne nouvelle du jour est l'occupation, par les Russes, de Lyck, en Prusse orientale, et d'un important passage dans les Karpathes, du côté de Kielce, vers Cracovie, sans préjudice d'autres progrès. On sent l' « inondation » commencée. Elle a été précédée d'un premier flot, qui a pu être repoussé par les Allemands. Il a suffi à submerger les Autrichiens. Mais ce n'était pas encore la grande marée. Voici seulement l'équinoxe. Le monde slave se rue sur le monde germain.

Plus on y songe, plus le drame est immense. Teutons contre Latins, Slaves contre Teutons : la masse allemande, si longtemps amorphe, devenue esclave d'un peuple de proie, est serrée entre deux races dont elle s'est fait haïr. Cent millions d'hommes jetés par la Prusse contre deux cent cinquante millions d'autres hommes, moins barbares, courent à leur perte.

Si attentif que l'on soit à ne rien exagérer, on sait qu'on assiste à quelque chose d'inouï et qui remplira les siècles à venir. Nous n'entrevoyons, hélas! presque rien des causes; nous ne verrons qu'une part infime des résultats.

L'absurde est de ramener ce cataclysme, ainsi qu'on le fait chaque jour, à la volonté de Guillaume de Hohenzollern et de sa famille de rapaces, comme si cette formidable mêlée n'avait pas de raisons autrement profondes que l'éphémère influence de ces gens-là.

Quel sage dégagera les origines des faits et montrera, dans cette guerre, l'éternel combat des intérêts matériels et moraux, et des instincts des races ?

*
* *

J'ai salué, tantôt, dans ma promenade, une

femme en noir qui, sur une hauteur, au pied d'un calvaire, regardait l'infini.

Depuis le 22 août, le père de ses enfants n'écrit plus... Quoiqu'on ne lui ait point déclaré qu'il est mort, mais seulement « disparu », elle sent qu'elle ne le reverra pas, car, dit-elle, « s'il était vivant et prisonnier, il aurait attendri des pierres pour ne pas me laisser souffrir »...

Des pierres, c'est certain, mais le dur Arminius?... Ah! on ne sait jamais... Et, malgré que cette infortunée ait pris la robe des veuves, elle garde quand même un espoir au cœur.

Si faible que soit cette flamme, elle est une lumière dans l'effroyable obscurité tombée sur elle... Mystique lueur d'un portique sacré, elle éclaire le seuil de ce temple d'amour que chacun porte en soi. Qu'elle vienne à s'éteindre, sera-ce l'affreuse nuit de la désespérance? Les portes du souvenir ne s'ouvriront-elles plus que sur des ténèbres désolées? Oh! non... Le temple intérieur doit resplendir des reflets de la gloire.

Épouses, mères, sœurs, il faut comprendre tout ce que signifie une mort de soldat.

Il s'est jeté dans la mêlée, arraché de lui-même et de tout ce qu'il chérissait. Votre image, celle des enfants, celle de l'aïeule ont traversé son cerveau d'un éclair d'affection, puis, tendu vers le but du combat, il n'a plus été qu'une force instinctive, faite de chair, de sang et d'os, bondissant, de cyclone en volcan. Autour de lui tombaient ses frères. Il allait, insensible, et hurlait : « En avant ! » Il n'était plus un être d'habitudes, de tendances, d'idées ; il était le sol national soulevé contre l'envahisseur. En lui ressuscitaient les ancêtres. Il n'appartenait plus à une époque, mais à tous les temps qui ont fait la France. Il devenait la patrie même dans ce qu'elle a de plus pur : le renoncement total, le don de soi au passé, au présent, à l'avenir de la race. Porté à cette perfection d'héroïsme, monté trop haut pour redescendre, brûlé du feu du sacrifice, il s'est trouvé subitement mêlé à la foudre et il a disparu dans la lumière qui ne s'éteint jamais.

O mystère profond de l'humaine douleur!... Les combats, les naufrages, la rage des hommes, la fureur des éléments, l'échec des rêves pacifiques, supprimez tout cela, la terre n'est plus la terre : il lui manque le ciel. L'épreuve vient de lui, non de nous, pour faire des héros. Rien de terrestre ne les suscite, et ils ne naissent de la mort la plus terrible qu'afin d'en révéler plus clairement le sens prodigieux.

11 octobre.

Grondements lointains. Le monstre est revenu !

La nouvelle officielle de la chute d'Anvers nous arrive au matin. Déjà! Quel triomphe en Allemagne et quelle émotion en Angleterre !

Le *Times* s'empresse de déclarer que ce succès n'aura pas de portée réelle. Sophisme. Il a une portée immédiate, considérable : il refait le moral des Allemands déprimés ; il rend disponibles les grosses pièces de siège, qui peuvent aller sur Verdun ou ailleurs ; il libère des effectifs qui vont retomber sur nous. Pourquoi se leurrer et ne jamais examiner tout de suite les choses par leur mauvais côté afin d'y parer ?

J'ai causé, il y a quelques années, avec un Anversois de valeur, mort depuis, M. Tonnelier, l'armateur. Je déplorais, près de lui, l'envahissement d'Anvers par les Allemands.

— A qui la faute ? me dit-il. J'ai fait, moi-même, plus de dix voyages en France, près de vos hommes d'État et de vos Chambres de commerce, aux environs de 1880. Je leur ai dit : « Venez. Anvers, c'est Napoléon Ier ; c'est l'armée française libératrice, en 1830 ; c'est la France, demain, si vous voulez. Il nous faut des docks, il nous faut des bateaux. Associons-nous : apportez de l'argent; nous avons les hommes, le terrain, les idées, les affaires. » Je n'ai trouvé, monsieur, que des hésitations, des incompréhensions, des ajournements et des incapacités. Alors, nous n'avons pas eu besoin de faire signe aux Allemands. Ils savaient les Français affolés de politique de clocher, fermés à la mer, laissant périr leur marine marchande, et hors d'état, eux qui ont les plus belles côtes de l'Europe, d'en tirer parti; ils voyaient vos ports se dévorer les uns les autres, l'intérêt de la Patrie étant soumis aux coteries électorales. Les Allemands sont accourus, et vous constatez ce qu'ils ont fait d'Anvers. Aujourd'hui la maison est à eux. C'est le plus gros des dangers de guerre pour l'Europe. »

J'ai noté ces phrases si justes. Je les retrouve aujourd'hui.

*
* *

Un ronflement dans le ciel, très haut: un « Taube »; second ronflement à la même altitude: un autre « Taube ». Et c'est ainsi, de temps en temps. Ils passent, venant de l'est ou du nord, et se dirigent vers Paris, pour aller essayer d'impressionner la population et justifier la dépêche que l'état-major impérial expédiera afin d'annoncer à l'Allemagne le bombardement aérien de la capitale. Cela fait patienter les Allemands. Mais pourquoi laisse-t-on le champ libre aux « Tauben ? »

12 octobre.

Les Allemands veulent voler et ne pas être des voleurs. Le Kronprinz a fait démentir qu'il ait pillé le château du baron de Baye, à Champaubert. Il a bien tort. Personne ne le croira. Rien, de sa part, n'est plus naturel. De qui tiendrait-il l'honnêteté ? Ce n'est pas une tradition des Hohenzollern. Lorsqu'ils vinrent du Wurtemberg en Brandebourg, ils étaient déjà de notables détrousseurs de grands chemins. Mais si l'on comprend très bien que le Kronprinz ait de qui tenir, on comprend moins que le premier venu, dans le rang, le « Herr Professor », l'industriel, l'étudiant, l'artisan soit lui-même un brigand, sans qu'il puisse invoquer, comme le Kronprinz, des raisons d'ascendance. Nous les voyons, dans l'Ile-de-France, pratiquer le vol à main armée, sans distinction de caste ni de grade. Ils commettent des crimes sur lesquels on devra, quand ce sera possible, enquêter rigoureusement, afin que les plus frappants soient établis d'une façon incontestable, à l'intention des générations à venir.

13 octobre.

Plus de bruit de bataille.

Les Allemands n'ont pas les forts d'Anvers ; mais ils tiennent la ville et l'Escaut. C'est à peu près comme s'ils avaient un tableau sans le cadre. On peut tourner cela comme on voudra, l'avantage est grand.

14 octobre.

Un espion! Trois espions ! Toute une troupe d'espions !

Il est 1 heure après-midi. Deux autos militaires sont arrêtées dans la grande rue, et un quidam, flanqué de sa femme, parle à un lieutenant :

— Je viens de déjeuner dans un petit restaurant, ici près. Il y avait un homme accompagné d'un enfant de douze à treize ans ; il nous a raconté qu'en venant, tout à l'heure, à Senlis, en voiture, il a vu sur la route un officier étranger, à grand manteau gris, doublé de rouge, coiffé d'une casquette, un aigle sur cette casquette. Il était chaussé de bottes et semblait guetter quelque chose ou attendre quelqu'un. Un peu plus loin, dit-il, j'ai été arrêté par deux femmes ; la haute taille de l'une m'a surpris ; mon petit garçon a remarqué qu'elle était extrêmement fardée. Elle nous a demandé, avec un fort accent étranger, si nous n'avions pas aperçu une automobile. Quelques minutes plus tard, j'ai été dépassé par une auto que conduisait un civil. J'ai reconnu, dans cette voiture, les deux femmes et, au fond, se dissimulant, l'officier. »

Cet inconnu a l'air d'un homme sérieux. Le lieutenant auquel il s'adresse est jeune. Je me suis arrêté, écoutant. Je me permets une question :

— Où est l'homme qui raconte ça ?

Alors intervient une femme que je reconnais ; elle tient un restaurant du voisinage. Elle dit le nom de l'homme, honnête épicier des environs ; elle indique qu'il est en ville et désigne l'endroit.

Très intéressé, je mène les autos militaires à la recherche de ce témoin sensationnel. J'aperçois le commandant d'armes. Je lui fais signe ; il monte avec nous et je le mets au courant.

— Avez-vous des cartouches ? demande-t-il aux soldats.

— Nous avons tout ce qu'il faut.

Je ne donnerais pas ma place pour beaucoup d'argent. Je me vois parti en expédition.

Nous trouvons le témoin et son fils. L'histoire est parfaitement vraie.

— Même, dit le petit, que j'ai remarqué que la femme qui a parlé à papa avait une figure comme en porcelaine.

— Et puis, ajoute le père, j'ai bien vu que c'était un homme habillé en femme, à sa voix dont le ton changeait.

— Mais à quelle heure et à quel endroit avez-vous rencontré ces gens-là ?

— Entre la Chapelle-en-Serval et Pontarmé. Il était 10 heures et demie.

Déception ! Les espions ont eu le temps de disparaître. Inutile de chercher à les poursuivre.

Je laisse le commandant d'armes recevoir la déposition du brave épicier.

Je n'irai pas encore à la guerre aujourd'hui.

15 octobre.

Quand on est déprimé par l'attente et le grondement sinistre que l'on croyait fini et qui recommence — car il recommence ! — disant : « Je suis toujours là, » il suffit de lire les citations à l'ordre du jour pour se retrouver d'aplomb. Comme on déplore, alors de n'avoir plus vingt ans — ni même quarante !

Quel beau livre on fera pour les écoles et les familles, avec le recueil des exploits de nos soldats, contés en style officiel.

*
* *

Le Matin fait une observation très juste : « Tous les peuples qui ont accepté l'hégémonie prussienne en meurent. Demandez à la Bavière, à la Saxe, au Wurtemberg, au Hanovre, à tous ces souverains enchaînés à l'Allemagne, que Guillaume II attire à lui dans sa chute, dont plusieurs déjà n'ont plus de fils, dont aucun ne sait s'il gardera son trône. Demandez à la Turquie ou à ce qui en reste... D'où vient donc cette espèce de malédiction que les Hohenzollern répandent autour d'eux ?... Un des meilleurs ministres des Affaires étrangères de la monarchie française, M. de Vergennes, répondait déjà, en 1774, à la question : « Toute liaison avec la Prusse est impossible, quand on n'est pas résolu à fouler aux pieds la justice et l'humanité. »

On ne les foule pas impunément. Un crime n'a qu'un temps ; le droit est éternel.

*
* *

J'ai honte de noter encore cet énervement où nous met la proximité d'une bataille qui dure à nos portes depuis plus de quatre semaines. On la croit terminée, on a deux jours de calme, et puis cela reprend. C'est une situation inouïe. Au moins, dans une place assiégée, tout le monde est soldat; on est en pleine tourmente. Mais se trouver, comme nous, en marge du tumulte meurtrier, vivre sous cette menace invisible et permanente, nous épuise plus que le combat direct. Il a son ivresse et sa rage. C'est un stimulant.

17 octobre.

Silence et temps d'arrêt. Profitons-en pour aller à Paris.

Je rends visite à deux de mes amis qui dirigent d'importantes publications ; j'entends de celles que le monde entier connaît et qui ont toujours eu la conscience de leur force et de leur responsabilité. Je trouve des hommes exaspérés contre les censeurs. Ils ne se sont nullement concertés, et les accablent de malédictions identiques.

Il faudrait entendre l'autre cloche. La censure a ses raisons que la raison ne connaît pas.

19 octobre.

Le brigadier entre avec sa femme. Il est venu en mission. Il ne fait que passer. Il apporte des nouvelles d'un régiment qui nous est cher. On l'introduit au salon. Il fait des cérémonies pour s'asseoir, et sa femme ne se décide qu'à occuper l'extrémité d'un fauteuil. Tous les yeux de la famille sont sur ce cavalier. Les tricots pour l'armée restent en suspens. Nous attendons des nouvelles de nos amis, et des détails de leurs combats.

— Eh bien! dit le brigadier, mon Dieu! vous savez, ça va bien. C'est la guerre, mais ça va bien tout de même. On ne manque de rien, on n'a pas perdu grand monde : une dizaine de tués, une dizaine de disparus. On est bien conduit, on a de bons chefs.

Il s'étend volontiers sur ce chapitre. Quant aux batailles, il ne dit pas grand'chose. Pourtant :

— Ah ! on en a reçu, on en reçoit des obus. Il en est tombé plus de mille, un jour, sur un petit village où nous étions. Il a fallu déguerpir; ça n'a pas été long. Il ne restait rien du village. Une autre fois, dans un pays, quelque chose en *ouque*, dans le Nord, nous avons failli être pris par 5.000 Bavarois; mais on avait averti l'artillerie. On les a laissé venir, et quand ils ont été à notre place, dans les maisons où aucun habitant n'était resté, le « 75 » a commencé la danse. Il a pris le patelin par les quatre coins ; pas un Bavarois n'est ressorti.

21 octobre.

Le silence continue.

Lettre de soldat venant du front : « Donnez-nous des nouvelles générales ; nous ne savons rien. »

A quoi sert donc le *Bulletin des Armées ?*

J'ai répondu longuement. Les nouvelles sont assez bonnes pour que l'armée les connaisse :

De notre côté, entre l'Oise et l'Aisne, l'ennemi semble à bout de force. On raconte que nous le laissons dans les carrières où il s'est caché ; s'il tente de sortir, même pour se rendre, on tire, non par sauvagerie, mais par crainte du typhus. Est-ce vrai ? Dans le Nord, nous prenons le terrain, pas à pas, maison à maison. Vers la mer, victoire belge. L'Allemand échoue, une fois de plus, dans ses tentatives d'enveloppement ; aussi bien trouve-t-il, dès qu'il approche du rivage, les bateaux anglais, habiles à le canonner. En Russie, échec germanique devant Varsovie.

Guillaume II veut cette ville. Et après? Il ne s'agit pas de prendre, il faut garder. Varsovie n'est pas encore Moscou ni Pétrograd.

Non contente de battre les Allemands sur la Vistule, la Russie rosse les Autrichiens du côté de Cracovie. Quant aux Serbes et aux Monténégrins, ils tiennent bon et progressent, tendant la main aux Russes, à travers la Bosnie. Les Intellectuels germains auront fort à faire pour persuader le monde de la victoire de l'Allemagne. Ils se sont rendus solidaires, dans un manifeste récent, des abominations de Louvain, Reims, Senlis et autres lieux dévastés. Ils ont menti avec une impudence dont la raison demeure confondue. Sur quoi, l'Institut de France expulse ceux d'entre eux qui appartiennent, à titre de membres étrangers, à certaines académies. A noter que celle des Sciences rechigne. Ces messieurs se croient aisément au-dessus d'un sentiment aussi bas que le patriotisme. La science n'a pas de patrie, c'est vrai ; mais l'honneur et la civilisation en ont une, et quand on se met hors l'honneur et la civilisation, on se met, du même coup, hors la science, car un savant n'est rien qui n'est pas, d'abord, un honnête homme.

Je note un touchant regret du général Cherfils, sur la démolition des fortifications de Vauban autour des petites places du Nord, trop tôt démantelées. Il a cent fois raison de dire que si l'on avait conservé ces fossés et ces contrescarpes, on aurait pu les utiliser bien autrement que les fortifications passagères qu'il faut improviser. Ainsi, notre rage de détruire les vestiges du passé est punie d'une façon qu'on n'avait pas prévue. Nous voyons, à nos dépens, le parti que les Allemands savent tirer, autour de Reims, de quelques-uns de nos vieux forts.

22 octobre.

Toujours l'heureux silence.

Les Anglais discutent l'éventualité d'une tentative de débarquement des Allemands, précédée ou accompagnée d'une invasion de zeppelins. Ils jugent, avec raison, que ce serait une folie de l'Allemagne. Aucune opération militaire n'est plus difficile à réussir qu'un débarquement de quelque importance. Quant aux zeppelins, à quoi ont-ils servi jusqu'ici ?

Le premier homme de guerre qui s'avisa de recourir au ballon pour écraser son ennemi fut, sans doute, l'héroïque vainqueur de Napoléon avec le « général Hiver », en Russie :

« Le comte de Rotopschine était gouverneur de Moscou, dit Chateaubriand, dans ses *Mémoires ;* la vengeance promettait de descendre du ciel : un ballon monstrueux, construit à grands frais, devait planer sur l'armée française, choisir l'Empereur entre mille, s'abattre sur sa tête dans une pluie de fer et de feu. A l'essai, les ailes de l'aérostat se brisèrent. Force fut de renoncer à la bombe des nuées. »

Guillaume II pratique la bombe des nuées et s'en sert pour assassiner des femmes, des enfants, des vieillards. Tout le monde ne peut viser Napoléon; mais chacun peut lire les *Mémoires d'outre-tombe* et en tirer les leçons qu'ils comportent. On peut ouvrir aussi la *Légende des Siècles* et retenir la leçon du *Jardin de l'Infante :*

Tout, sur terre, appartient aux princes, hors le vent.

25 octobre.

Avant-hier et hier, de même qu'aujourd'hui, la vie s'est écoulée dans le calme provincial. On suit, de loin, la bataille du Nord. On espère et on attend.

*
* *

Les morts que les Allemands ont faits, dans ma petite ville, sont rassemblés, en partie, au cimetière municipal. Une quinzaine d'habitants, victimes d'une sauvagerie qui marqua son passage par le fer et le feu, reposent près d'un officier et de 22 soldats français. Le surveillant des travaux municipaux s'est voué au soin d'exhumer les militaires hâtivement enterrés dans les champs, aux portes de Senlis, le soir de la sanglante journée du 2 septembre dernier. La municipalité a donné les cercueils. Secondé d'aides que cette triste besogne n'a point rebutés, le brave employé de la ville s'est efforcé d'identifier les corps des vaillants réunis aujourd'hui au cimetière senlisien. Chaque fosse est surmontée d'une croix provisoire, faite de deux planches. Des fleurs, que des mains pieuses renouvellent, mettent sur la terre encore fraîche, la poésie de l'espérance et l'émotion du souvenir. L'officier, un capitaine, est à la droite de cette section funèbre alignée sur un rang, face à l'Est, et qui semble dormir dans l'attente du réveil victorieux. De sa grosse écriture malhabile, le surveillant Beaufort a tracé, sur chaque croix, les indications qu'il a recueillies. Deux de ces croix ne portent qu'un chiffre de classement. Pas de nom; pas même le numéro de l'arme. En quel état, grand Dieu! étaient déjà ces morts, quand on a pu leur donner une sépulture chrétienne?

D'abord, à l'écart : *Un capitaine du 350e, trouvé à la Muette, près Senlis.*

Un petit espace d'un mètre, puis les 22 frères d'armes :

N° 1, *Kuerré André, du 154e;* n° 2, *Noël Charles, du 155e;* n° 3 (rien); n° 4, *Hanquetin François-Joseph, du 361e;* n° 5, *Marieton Alphonse-Eugène, du 294e;* n° 6, *Chaillot Gaston-Léon, caporal au 294e;* n° 7, *Masson Henri-Louis, du 276e;* n° 8, *Thomas Adrien-Louis du 294e;* n° 9 (rien); n° 10, *un soldat marocain, 9e;* n° 11, *un soldat du 32e d'artillerie, matricule 469;* n° 12, *un soldat du*

150e; nº 13, *Fenut Hubert, du 361e;* nº 14, *Clément Edmond, du 361e;* nº 15, *un soldat du 361e;* nº 16, *Thiévin Émile, du 361e ou 161e;* nº 17, *un soldat du 361e;* nº 18, *Fouquet Ernest-Auguste, caporal au 150e;* nº 19, *Bertrand Léon, du 150e;* nº 20, *Gamer, du 161e;* nº 21, *Claisse Jean-Baptiste, du 161e;* nº 22, *un soldat marocain.*

Ainsi, la bataille, dans Senlis, entre 3 et 6 heures du soir, le 2 septembre, a fait 23 morts militaires français qui n'ont pu, le jour même, être relevés et emportés, et qui dorment au cimetière de la ville. D'autres, en plus grand nombre, ont été inhumés au cimetière de l'hospice, ainsi que les Allemands, en tout une centaine, peut-être davantage.

26 octobre.

Rien. « Situation inchangée. »

Ces jours d'attente portent à la réflexion. Comment la guerre va-t-elle modifier les choses, en France, en Europe, dans le monde ?

Le cataclysme est sans précédent. La terre entière, dans son organisation sociale et intellectuelle, est rattachée à l'Europe et, dans l'Europe, par mille liens, à la France. Ce qui se produira en Europe aura une répercussion mondiale. Changerons-nous politiquement? Oui, si les mœurs sont transformées. « Les mœurs font les lois et non les lois les mœurs », dit Montesquieu. Toute une besogne législative a été accomplie, qui doit être défaite et refondue. Souvent généreuse d'intentions, toujours faussée par les calculs des partis, elle est nuisible dans son application, et va généralement à l'encontre du but proposé. Cette réfection ne sera-t-elle pas l'œuvre d'un nouveau personnel politique? Il semble bien que celui qui domine actuellement ne pourra se maintenir, si la nation sort de l'épreuve avec une mentalité ramenée aux traditions essentielles.

La France est un pays d'idéal; l'idéal ne saurait se passer de la religion. De l'idée religieuse découle, forcément, l'idée de famille. Cette idée, base sociale, peut paraître, demain, insuffisamment représentée. Au fond des bouleversements et renouveaux sociaux, agissent toujours de grands instincts qui animent les masses, sans que les individus se soient concertés. Les masses réclameront peut-être des hommes donnant l'exemple des instincts de défense et de conservation, réveillés dans la race. Il est permis aussi de supposer qu'elles s'apercevront du ridicule des incompétences, et du danger d'abandonner les destinées d'un pays à une majorité de gens de robe.

Le pays se rendant mieux compte des conditions de la concurrence vitale entre les individus et entre les peuples, reconnaîtra peut-être que les chefs d'industrie, les professionnels de l'usine ou du commerce, les agriculteurs et autres artisans d'un labeur productif sont plus utiles à la France que les avocats, et mieux en droit qu'eux de répondre de la fortune et de la paix nationales.

28 octobre.

Silence et attente. On annonce des hécatombes d'Allemands dans le Nord. Que nous coûtent-elles? Faute de mieux, pensons à demain.

Que pourra être la transformation littéraire ?

Il semble que ce sera la plus prompte. Une floraison d'histoires et de romans de guerre doit sortir de terre et, pendant deux ou trois années, surexciter les imaginations. Que vaudra la cendre de ce feu et qu'en restera-t-il ?

On était déjà excédé de la pornographie des romans et de l'érotisme du théâtre. Avec les changements politiques et sociaux, qui sont à prévoir, des hommes, d'une mentalité différente de ceux qui occupent les avenues littéraires, arriveront au jour. Dans une démocratie, le talent et la pensée peuvent ne pas nuire, mais ne sont pas indispensables à une réussite. Le savoir faire, le goût de la réclame, un penchant à la vulgarité de sentiments, qui permet d'être l'ami de tout le monde, sont les conditions opérantes du succès. Mais, du jour où le peuple revient aux traditions des ancêtres, à la mesure, à l'honnêteté des mœurs, à l'idéal, et s'occupe des conditions du mieux-être par le perfectionnement des individus, par la défense de la famille et des principes qui la fortifient, les écrivains de circonstance, exploiteurs des défauts d'hier, ne sauraient tirer parti des qualités de demain.

30 octobre.

— Eh bien, facteur?

— Eh bien! monsieur, ça va, ça va.

En effet, c'est toujours terrible, mais « ça va » quand même. La tactique folle des Allemands continue. Ils se sont jetés sur la Flandre occidentale avec l'intention d'aller prendre Calais, d'où leurs canons monstres « auraient bombardé l'Angleterre ». C'est eux qui le disent.

Il y a de savants aliénistes en Allemagne.

Comment ne proclament-ils pas que Guillaume II est fou à lier? Il renonce à Paris, après avoir télégraphié à l'univers qu'il va s'y installer sans coup férir. Furieux d'un échec devant Nancy où il comptait aussi défiler, battu à plates coutures aux portes de Varsovie qu'il voulait mettre sur ses épaules, comme Samson celles de Gaza, il cherche une diversion, du côté de l'Angleterre, sur le terrain le plus défavorable qu'il soit possible d'imaginer. Sol marécageux coupé de canaux et de rivières; la moindre tranchée devient un trou d'eau. Impossibilité pour l'armée allemande de se terrer, et nécessité de s'exposer à découvert au feu des alliés. Résultat : des hécatombes, des échecs et le recul.

Les historiens de l'avenir seront stupéfaits de constater combien, sous sa façade d'ordre, de propreté, de mécanique, l'Allemagne restait inférieure, habile seulement à tromper par l'effet d'une hypocrisie foncière, qui engendrait encore plus de vices réels, que d'apparentes qualités. Son effort s'use dans une lutte sauvage, qui nous coûte effroyablement cher ainsi qu'à nos alliés; mais, du moins, nous aurons quelque chose avec l'honneur de la victoire, tandis que la Germanie n'aura que le déshonneur de la défaite.

Il est à croire que le désastre germanique sera suivi d'une révolution des esprits, en Allemagne, et d'une faillite de la langue, de la littérature et des mœurs. Qui bénéficiera de cet événement? Nous. L'Allemagne battue se trouvera réorientée vers la France victorieuse. Le phénomène est à prévoir. Par qui et comment respirait l'élite civilisée allemande aux dix-septième et dix-huitième siècles? Par la France. Le prodige de demain ne sera que la résultante de causes restées en puissance. L'intelligence germanique admirait autrefois notre pays. Des conflits divers ont favorisé, avec certaines victoires inespérées, une éclosion trop prompte de mauvais sentiments. Un peuple de parvenus insolents s'est formé. Ce peuple reçoit, aujourd'hui, la plus sanglante et la plus humiliante des leçons. Tout ce qu'il pensait est faux, tout ce qu'il voulait est impossible. Le monde entier s'unit pour le lui démontrer. Il tombe écrasé. A terre, il songe, il médite. L'influence du passé opère. Il nous reviendra, différent de ce qu'il fut.

31 octobre.

Tout est changé dans la guerre. Autrefois, une grande bataille était l'affaire d'une journée. On commençait le matin, on terminait le soir. Il y avait un vainqueur et un vaincu. Parfois, chacun de son côté, se déclarait victorieux et faisait célébrer un *Te Deum;* mais, le plus souvent, la confusion n'était pas possible. Quel bouleversement! Nous nous battons des semaines entières sur les mêmes positions, et l'on ne sait qu'à la fin, par un silence, une reculade de l'un des combattants, que l'autre a l'avantage. Mais rien ne s'affirme avec éclat. La bataille recommence plus loin, gardant encore un front gigantesque, bonne ici, mauvaise ailleurs.

On se guette, de tranchée à tranchée; on se canonne, on se mitraille sans se voir.

L'homme revient à l'armure, mais épaissie, élargie. Jadis, elle s'appliquait à un individu; aujourd'hui, elle s'applique à un peuple. On a cuirassé les bateaux, on a mis des boucliers aux canons, et l'on donne au soldat des défenses de terre, de bois, de béton, de fer, d'acier, qui l'abritent pendant qu'il manie des armes de jet, qui sont à celles d'autrefois ce que l'explosion du canon est à la détente de l'arc. C'est d'une barbarie raffinée, mais ce n'est qu'une barbarie. Le combat antique était autrement civilisé, moins sauvage et plus fier. La lutte entre professionnels de la guerre, mercenaires et légionnaires, représentant, au risque de leur vie, les intérêts respectifs des peuples qui les entretenaient, était plus digne et plus raisonnable, par sa limitation d'un inévitable fléau, que cette ruée moderne de toutes les forces vives d'une nation contre celles d'une autre nation. Quand les soldats qui n'étaient que des soldats tuaient leurs semblables, c'était toujours affreux; mais ces héros ne vivaient que pour mourir. L'homme moderne se flattait de ne vivre que pour vivre. Il aboutit à un singulier résultat.

1er novembre.

Alerte. L'ennemi, sortant de ses carrières, a gagné, depuis quarante-huit heures, un peu de terrain entre Roye et Soissons. Il est à Vailly. On voit des gens inquiets et pour lesquels le moindre grondement de voiture, dans le lointain, est le bruit du canon. Ils sont excusables. Penser que l'ennemi reste à quelques pas de nous, en pleine Ile-de-France, tandis que sur toute la ligne, du nord à l'est, il fait un effort prodigieux, c'est atroce à la longue.

L'Allemagne est folle, soit. Mais quelle ténacité ! Nous soutenons, d'Arras à la mer, un combat formidable. Nos alliés aidant, et malgré l'outillage effroyable de l'ennemi, malgré les effectifs qu'il sacrifie, nous avançons, regagnant le terrain que, parfois, sur un point, il avait fallu perdre.

N'empêche que Guillaume II se donne l'apparence d'organiser la Belgique et de vouloir la conserver. Il montre une impudence qui étonnerait, si nous ne songions qu'à prendre ainsi l'air d'un conquérant définitif, il rassure l'Allemagne, incertaine et angoissée. Et puis, mieux il tiendra ce qu'il a pris, plus il retardera l'heure du règlement des comptes, plus il nous usera. Voilà pourquoi il transporte en Belgique des sous-marins démontés, immerge des mines, installe des canons, prépare un décret d'annexion, enfin agit comme chez lui.

L'offensive des Russes s'affirme et progresse. On peut dire de cette guerre qu'elle est un jeu de bascule. Quand le contrepoids russe remonte, il nous soulève et nous restons à notre cran, puis nous faisons un effort, et c'est notre tour de soulever les Russes.

5 novembre.

Le général Joffre télégraphie au grand-duc Nicolas en parlant de la « victoire prochaine ». Il n'est pas homme à jeter des mots à la légère, et son télégramme, aujourd'hui, ensoleille la France.

Il ne manquait plus qu'un invité au bal: le Turc. Dieu sait si depuis le début de la fête l'Allemand insistait. Enfin, il est venu, bon gré mal gré. A quel degré de chute est tombée la Sublime Porte pour que les Germains, sous son pavillon, se jettent, à l'improviste, dans un port russe, sur un bateau français, lançant des obus qui font quelques victimes, afin que, le lendemain, les ambassadeurs des puissances alliées quittent Constantinople, et que, le surlendemain, inévitablement, les Russes se mettent en marche vers le Bosphore, et que la flotte anglo-française bombarde les Dardanelles ? Ce n'est pas tout. Fatalement, les rébellions militaires, assassinats, bombes, incendies, qui sont inséparables des convulsions de la Turquie agonisante, ensanglanteront Constantinople. Les Allemands auront précipité la fin de ces pauvres Turcs, parmi lesquels sont tant de gens de bien.

On prévoit déjà la manœuvre de Guillaume II : sacrifier la Turquie, si tout va mal. Mais acceptera-t-on que cette nouvelle trahison vienne en déduction de son compte personnel ? Tout cela est gros des plus sombres intrigues, jusques et y compris la guerre sainte, l'Islam soulevé contre les Anglais dans l'Inde et en Égypte, et contre les Français en Afrique. L'incendie s'étend !

Rien, pas même l'aventure d'Alexandre le Grand, prodige des annales de l'humanité, n'approche de l'ampleur du drame inouï dont nous sommes témoins. C'est à se demander si les vieilles prédictions sur l'Antéchrist, que les journaux n'ont pas manqué de rappeler, ne sont pas justifiées, et si Guillaume II n'est pas une manière de Prince des

Ténèbres. Quoi qu'on puisse penser de ce fou, il laissera sa trace dans l'Histoire, marquée d'une morsure de flamme et d'une traînée de sang.

6 novembre.

Je l'ai échappée belle ! J'ai failli être pris par l'ennemi. Cela s'est passé en pleine ville, tout à l'heure. Je traversais la place de la Cathédrale. J'ai entendu des cris furieux, et je me suis vu environné d'une nuée de combattants hurlant : « A mort ! Tuez-le ! » Tous ces soldats, à vrai dire, âgés de dix à douze ans, étaient armés de bâtons et se bombardaient de marrons d'Inde. C'étaient les gamins du quartier, divisés en deux camps. Les Français, que les Allemands prétendaient faire prisonniers, se réfugiaient derrière moi, qui jouais ainsi le rôle de tranchée. Nous avons mis les Boches en fuite.

Je me souviens d'avoir remarqué, l'année dernière, dans une rue de Paris, non sans tristesse, des enfants qui jouaient aux courses, à deux pas d'une école primaire, en plein Marais. Rien ne manquait : ni le pari-mutuel, ni les couleurs des centaures-coureurs, car, pour la circonstance, le cheval et le jockey ne faisaient qu'un. Au « pesage » on pariait des sous, mais un sou c'était « un louis ». Et j'entendais : « Trois louis sur Mirliton. Mirliton à cinq contre un », etc...

Cette année, les mêmes moutards doivent, comme ceux de Senlis, jouer à la guerre.

Il y a quelque chose de changé en France.

*
* *

De Russie, coup de tonnerre. Les Austro-Allemands sont battus autant qu'il est possible de l'être et coupés en deux. La Pologne russe est débarrassée d'ennemis. La guerre va se continuer en Posnanie, Pologne prussienne. Przemysl, clef de la Galicie, est abandonné à son sort.

On doit être beaucoup moins gai à Berlin,

malgré que l'on continue d'y vivre dans le mensonge et les illusions !

Partout, d'ailleurs, les affaires des Alliés ne sont pas mauvaises. Le Japon s'empare enfin de Tsing-Tao, porte de Kiao-Tchéou.

9 novembre.

Voilà le canon revenu. On se bat de nouveau au delà de Compiègne, à Tracy-le-Val. Le grondement du combat a roulé sur nos forêts et nos plaines bien avant l'aube jusqu'à la nuit. Nous n'avons pas perdu de terrain. L'ennemi veut-il se revancher sur le point le plus rapproché de Paris, de son infructueux effort dans les Flandres ? La menace aurait, en France, une répercussion plus vive ; mais nous occupons des positions solides, aisément renforçables. Les jours passent et l'Allemand reste, sans avancer ni reculer, à 90 kilomètres de la capitale de la France. Pourquoi ne faisons-nous pas effort pour l'obliger à reculer ? Parce que ce serait consentir un lourd sacrifice de vies et que le résultat ne serait pas en proportion du sacrifice. Et puis, on assure que dans leurs abris, tranchées et carrières, les Allemands ont quantité d'otages, surtout des femmes et des enfants, notamment là où nous pourrions les canonner à outrance et recourir aux mines. On prétend même que, chaque jour, ils laissent les femmes sortir dans leurs lignes, pour aller se ravitailler et rapporter des aliments à leur progéniture, retenue prisonnière. Ils ont l'humanité de l'homme des cavernes.

On cherche, dans nos arsenaux, les vieux obusiers d'autrefois, les mortiers cacochymes, qui firent les sièges des armées du roi, et l'on prépare des projectiles ronds pour ces pièces d'artillerie, bien étonnées de rentrer dans l'activité. On les traîne jusqu'aux tranchées où elles servent à projeter à deux, trois, quatre ou cinq cents mètres, des charges de mélinite. Étrange résurrection ! Déjà la barbarie allemande nous a ramenés à la férocité préhistorique, et tout notre effort de perfection de l'armement nous fait revenir aux systèmes du moyen âge !

10 novembre.

Je lis un long article bâti de considérations, sur la manière dont il faudra que les diplomates arrangent les choses après la victoire. Est-ce que vraiment les chancelleries sont si impatientes de recevoir des conseils ? Est-ce l'heure, surtout, de parler de rigueurs ? Si on écoutait l'homme de talent qui a signé ce texte, l'Allemagne, demain, serait anéantie.

Certes, nos emportements sont excusables, meurtris et pantelants comme nous sommes ; mais nous devons faire abstraction de ces douleurs et envisager l'avenir avec sagesse. Si grands que soient les désastres imputables à la barbarie de l'Allemagne, elle est en mesure de payer des indemnités matérielles largement comptées. Toutes garanties prises, le bon sens conseille de ne rien lui imposer qui l'écrase irrémédiablement. Plus nous serons grands demain, plus nous serons forts plus tard. Puissions-nous ne pas oublier, cependant, que toute amabilité ne serait pas comprise d'une masse asservie, encore moins d'une élite perverse, et se tournerait contre nous !

Ces gens-là sont malades. Dans la paix, ils oppriment, ils trahissent; dans la guerre, ils volent, assassinent, incendient. Employons la camisole de force, usons de la douche ; mais ne les tuons pas ; guérissons-les.

12 novembre.

Je tourne et retourne une carte qui m'arrive d'un camp de prisonniers en Allemagne. Son indication d'origine est indiquée par un de ces jolis mots germaniques, qui disent la souplesse et la grâce du parler d'outre-Rhin : *Krigsgefangeneusendung*.

Cette carte vient du Hanovre. Elle est d'un ami belge. Il m'écrit simplement : « En route pour les Indes en qualité de Commissaire général, chargé de mission, j'ai appris, le 4 août, à Port-Saïd, la situation, et je suis rentré m'engager; j'ai été fait prisonnier à Namur, le 23 août. » La signature est celle de M. Octave Collet, l'explorateur auquel notre Société de Géographie a décerné ses plus hautes récompenses.

Combien d'hommes ayant deux fois 20 ans et davantage, partis en mission avec tous les bénéfices moraux et matériels d'un haut grade, n'auraient pas fait demi-tour à Port-Saïd ! Je pourrais citer d'autres Belges, occupant des situations encore plus élevées et qui sont allés au feu. Étonnons-nous donc de la quantité de jeunes hommes vigoureux, flamands ou wallons, qui, à la faveur de la loi de recrutement si imparfaite en Belgique, vivent en France, en Angleterre ou ailleurs, de l'existence misérable des réfugiés et qui seraient fort utiles sur le champ de bataille. Les ministres du roi Albert prennent des mesures, d'accord avec les gouvernements alliés, pour amener au combat ces braves gens dont les yeux se sont ouverts à la lumière des incendies allumés par ces bons

Allemands, que l'on accueillait si cordialement, jadis, le jour de la commémoration de la bataille des Éperons d'or.

15 novembre.

La lutte, en Flandre, continue. Près de nous, elle recommence. Des grondements de canon passent toujours dans l'air.

En Russie, les choses paraissent satisfaisantes. Elles le sont moins chez nous : on annonce le retour du gouvernement à Paris. Il était très bien à Bordeaux. A qui manque-t-il ? Et les parlementaires, qui les réclame ? Nous commencions à nous en passer. Nous devrions essayer de les laisser en province, chacun chez soi. Pourquoi être gouverné et parlementé ? Nous aurions seulement un corps de gendarmerie, dont les officiers assureraient, avec un cadre administratif et judiciaire très réduit, le fonctionnement des lois et la rentrée des impôts, tout irait à merveille. Nous ferions nos affaires selon les usages et les codes. Quelques sentinelles diplomatiques dans les postes avancés surveilleraient l'extérieur et nous tiendraient au courant. On voit bien, en temps de guerre, que la machine sociale peut marcher toute seule. Qu'avons-nous besoin de lois nouvelles, de comptes rendus de la Chambre et du Sénat ? Nous n'avons jamais été si tranquilles, — la guerre à part — que depuis la disparition de la vie politique. C'est, il est vrai, payer ce bonheur bien cher, que de le payer de notre sang. Mais la joie d'être gouvernés exige souvent de notre honneur. La guerre est peut-être moins coûteuse que la paix.

* * *

Ceux qui, dans le sacrifice militaire, méritent d'être particulièrement distingués, reçoivent le ruban de la Légion d'honneur et s'inquiètent de savoir si, dans l'avenir, les héros des batailles porteront le même ruban que les délégués cantonaux et autres chevaliers industrieux, ornés de rouge, pour des raisons que la raison ne connaît pas. Ils ont peur qu'on les confonde et demandent un insigne spécial. Mais alors, ce ne sera plus la Légion d'honneur, la légion unique, elle sera double. Alarmes superflues !

Un ruban ne vaut jamais que ce que vaut l'homme qui le porte. De deux choses l'une, ou les gens auxquels se présente le décoré le connaissent et sont fixés sur sa valeur, ou bien ils ne le connaissent pas, et alors que lui importe? Qu'on laisse donc à tout le monde, les braves et les autres, le même petit bout de ruban rouge. La Légion d'honneur n'en sera pas moins réhabilitée; c'est l'essentiel. Le flot de sang qui coule est assez abondant pour teinter en belle pourpre de France les rubans qui étaient, auparavant, un peu pâles. On les respectera tous également demain, et ceux qui les ont eus par faveur s'efforceront de les mériter.

19 novembre.

Toujours ce canon lointain. Il ne passe pas

de troupes. On ne sait rien. Mais les pessimistes sont rabroués. On a la foi. Le monstre des *Nibelungen* a les reins cassés. Les journaux racontent que les Berlinois superstitieux ont rencontré la « balayeuse ». Ce fantôme, traditionnel à Berlin, est une dame voilée, qui apparaît au Château royal ou dans une rue, un balai à la main, et, peu de temps après, meurt le Hohenzollern qui règne. Ainsi soit-il !

Guillaume II a largement mérité de disparaître dans les abîmes infernaux. Il s'efforce de déchaîner la guerre sainte en Islam. Ce serait grave pour les Anglais et pour nous, si nos ressortissants de la religion de Mahomet ne comptaient nombre de chefs intelligents et cultivés qui sont, depuis longtemps, avertis de la décomposition de l'Empire turc, aggravée du ferment germanique. Mais vît-on jamais plus nette trahison de la cause européenne ? Conçoit-on l'Inde et l'Afrique se soulevant au nom de Mahomet pour faire plaisir à Guillaume II, et détruisant l'outillage européen, massacrant tout ce qui ne serait pas allemand, ensablant le canal de Suez, ravageant l'Égypte ?... Gracieux rêve d'Empereur de la « Kultur ».

21 novembre.

Presque plus de canon. Il nous manque quelque chose !

*
* *

Il est curieux de constater combien peu de Français sont avertis du véritable caractère allemand et se méprennent sur le socialisme soumis à l'Empereur et associé à l'industrie de la guerre. Ils en déduisent qu'aucune révolution n'est possible en Allemagne. C'est perdre de vue tous les instincts séparatistes que la coalition des souverains, des financiers, des fonctionnaires, des profiteurs peut atténuer, mais non supprimer. Bien mieux, c'est oublier ce qui s'est passé en 1848 : la République proclamée à Francfort, le frère du roi de Prusse en fuite, toute l'Allemagne et l'Autriche bouleversées par le vent qui venait de Paris. Ce qu'un souffle de liberté put faire alors, le vent de la défaite doit le refaire. Il est autrement fort. Un troisième facteur de révolte latente compense, au surplus, tout ce que l'on peut dire de la différence de l'Allemagne d'aujourd'hui avec l'Allemagne d'alors : la propagande socialiste. Il est invraisemblable que l'œuvre de Bebel ou de Liebneckt ait disparu sous l'armure militaire. Que l'armure tombe, rompue par la victoire des Alliés, et l'on verra.

22 novembre.

Le bruit a couru, tantôt, que les Allemands avaient repris Compiègne. C'est faux. Il n'est pas, d'ailleurs, possible qu'ils fassent un réel effort sur nous, tant qu'ils ne sont pas venus à bout des armées du Nord et des Flandres, intactes et même victorieuses. Le simple bon sens indique que s'ils amenaient dans notre région des effectifs considérables, ils ne pourraient que les prendre là où ils sont, dans la région d'Ypres; mais alors, pendant qu'ils fonceraient sur les positions défensives dont nous couvrons Paris, nous les attaquerions de flanc. Le général Berthaut le dit excellemment.

*
* *

La Serbie a l'air de fléchir. Les Autrichiens sont jaloux de la gloire de l'Allemagne qui a pu conquérir la Belgique avant qu'ils soient arrivés à s'emparer de Belgrade ou de Nisch, et nous voyons reparaître les informations tragi-comiques d'il y a trois mois : « Les Autrichiens bombardent Belgrade ! »

24 novembre.

La canonnade a redoublé. Les communiqués officiels ne s'en émeuvent pas. Les journaux ne disent rien. Ils paraphrasent simplement un magnifique *Bulletin des Armées de la République* où l'autorité officielle explique, tout au long, pour la première fois, l'héroïsme des Alliés sur l'Yser ; de quoi il résulte que les Allemands ont échoué, sont battus et qu'il leur en coûte 150.000 hommes. Quant à nous, qui nous tenions sur la défensive et ne prodiguions pas nos effectifs en masses profondes, nous n'avons qu'à déplorer des pertes du tiers de celles de l'ennemi. En même temps arrive de Russie la nouvelle de l'échec de la poussée aventureuse des Allemands sur le centre russe. Les 400.000 hommes engagés sont à présent repoussés et coupés en tronçons.

*
* *

Signe des temps, gros de conséquences : l'Angleterre envoie une mission extraordinaire près du Saint-Siège. Elle n'est là, dit-on, que pour la durée de la guerre, et afin de faire contrepoids aux ministres de Prusse, de Bavière et d'Autriche. Mais ce n'est qu'une façon de parler, une ultime concession aux mânes d'Élisabeth. La vérité, au fond, est que la puissance catholique croît visiblement dans le monde — en Angleterre plus qu'ailleurs. Quel est l'étudiant religieux d'Oxford qui, jugeant sur pièces, suivant la méthode historique moderne, ne découvre à la base de l'anglicanisme, des raisons que l'honneur et la foi condamnent ? Il est difficile à un honnête homme d'accepter Henry VIII et l'évêque Cromwell. La Grande-Bretagne, fidèle à son génie qui est de voir les choses dans leur réalité, sent déjà venir l'heure où le *No Popery* ne témoignera plus que des erreurs du passé.

25 novembre.

On fait la chasse aux maisons allemandes. L'exemple vient d'Angleterre; mais il est malaisé de savoir à quoi aboutira cette mainmise sur des biens dont, du reste, une grande part, déjà, doit être à l'abri. La question est nouvelle. Des étrangers se sont établis en territoire français, ils y ont créé des commerces, des industries, acquis des immeubles. Ils arguent, ils font arguer ou argueront de leur bonne foi. On leur répondra :

— Votre pays a violé toutes les lois humaines ; nous les méconnaissons aussi.

Ou bien on leur dira :

— Nous avons fait administrer vos affaires ; nous vous les rendons en bon état.

Étrange. On doit s'être embarqué sur cette galère (après avoir hésité du reste), sans trop savoir où elle mènera. Il est de fait que les Allemands ont beaucoup trop pris position en France, mais à qui la faute ? A nous-mêmes et au gouvernement. Pourquoi ne se trouvait-il pas des Français pour occuper les postes qu'ils ont conquis, acquérir ce qu'ils ont acquis, fait ce qu'ils ont fait ? Nous étions avertis, dès avant 1870, et, à partir de 1886, les avis d'outre-Rhin ne nous ont pas manqué, à commencer par *Au Pays de la Revanche*, du docteur Rommel.

La guerre nous corrigera-t-elle de notre stérilité, de notre faiblesse, de notre incapacité passées ?

26 novembre.

Guillaume II reçoit encore un soufflet. Il lui vient d'Extrême-Orient. Le Mikado s'est chargé de l'administrer au sinistre souverain qui lui a télégraphié, il y a quelques semaines, que le Japon aurait de l'Allemagne tout ce qu'il pourrait souhaiter : son alliance et ses capitaux (!) si, au lieu de la combattre, il voulait attaquer la Russie. Le Mikado a répliqué simplement qu'il était galant homme.

*
* *

Les journaux ont de la monotonie. Les temps sont difficiles. La collaboration des censeurs ne suffit pas à remplir un journal. On manque de personnel. Il faudrait emprunter davantage au passé. Je relis les *Voyages d'outre-Rhin* de Victor Tissot, excellent journaliste, qui a tout raconté, tout vu et tout prévu du drame actuel en étudiant le drame d'il y a quarante-quatre ans. On s'imagine que les méthodes de 1914 sont plus féroces que celles de 70. C'est une erreur. Nous sommes en face des mêmes hommes poursuivant le même dessein, la même idée folle arrivée au point culminant de sa course.

27 novembre.

Le Président de la République a décoré le général Joffre de la Médaille militaire. Discours.

Certains quotidiens publient des extraits d'un journal publié à Wesel par les soins de l'autorité militaire allemande pour les prisonniers français. C'est d'une inconcevable naïveté dans la diffamation et l'invention.

M. Poincaré s'y trouve pris à partie en ces termes :

« Les vrais coupables, dans cette guerre, sont un petit groupe de politiciens internationaux que leur ambition ne laisse pas en repos et que leur chauvinisme mènera à leurs fins : une coalition européenne contre l'Allemagne. Parmi ce groupe, se trouve le Président de la République française, Poincaré, un des premiers, le plus important. Le trait caractéristique de Poincaré est un mélange de vanité bourgeoise et de contentement de soi-même. Il possède la haine mordante et l'entêtement du Lorrain contre l'Allemagne. Delcassé est tourmenté par la folie des grandeurs, » etc...

Comment ces pauvres Tudesques peuvent-ils s'imaginer qu'un Français prisonnier, lisant ceci en Allemagne, en sera le moins du monde influencé autrement qu'à rebours des espérances de l'ennemi ?

28 novembre.

Le cas de Lord Roberts vaut d'être médité. Ce vieil Anglais de plus de 80 ans rassemble ses dernières forces, revêt encore son uniforme de soldat, franchit la Manche en plein hiver, au mépris des sous-marins allemands et des mines flottantes, se transporte sur le front et visite les Indiens dont il fut le chef, l'ami, le père, durant de longues années. Au moment de passer une revue, il remarque que la troupe est sans manteau. Il enlève le sien. Il préside à la parade, prend froid et meurt. C'était le plus grand des soldats anglais, le plus illustre. Toute sa vie fut faite d'honneur. Les honneurs n'y pouvaient ajouter. Les vieillards représentent particulièrement les traditions. En celui-ci revivaient les traditions historiques de sa race, et particulièrement son effort colonial, le premier du monde ; puis l'esprit de justice et de chevalerie que sert passionnément un gentleman. Voilà ce qu'il apportait sur le Continent, à l'heure où l'Angleterre et la France combattent côte à côte les Huns ressuscités, la barbarie masquée d'hypocrisie scientifique et religieuse, l'avide oppression dissimulée sous la fourberie, le mensonge et la trahison.

29 novembre.

Silence près de nous. Bonnes nouvelles des Russes. Mauvaises nouvelles des Serbes qui plient sous la masse autrichienne.

*
* *

Notons comme, d'instinct, le peuple, en France, sent la grandeur tragique du cataclysme et s'y résigne courageusement. On a constaté, dans la race française, des puissances d'héroïsme et de calme, dont ceux qui la connaissent mal, à commencer par les Allemands, sont aujourd'hui stupéfaits. Ainsi, à ma porte, habite une vieille fille qui, le jour du bombardement de Senlis, cousait à la machine. Elle ne prenait pas garde au bruit! Les obus passaient sur son toit qui est à moins de cent mètres de la cathédrale, que les Allemands arrosaient de projectiles. Elle continuait à travailler en trouvant que dans sa maison ses voisins étaient insupportables. Ils faisaient vraiment trop de tapage. Les malheureux déguerpissaient le plus promptement qu'ils pouvaient, pour gagner les caves. Le dernier qui fuyait entend la machine à coudre, enfonce presque la porte de sa voisine et la force à descendre dans un souterrain.

La même brave fille, héroïque sans le savoir, et qui n'est plus jeune, a un frère, non moins calme, lequel fut en 1870 avec elle, au moment de l'invasion, chez une tante, à Roye, dans la Somme, pays actuellement aux mains des Allemands. La veille du jour où l'ennemi allait prendre Senlis, cet excellent homme est venu trouver sa sœur, et lui a dit tranquillement :

— Qu'est-ce que nous faisons, cette année ?

« Cette année... » Quarante-quatre ans après ! N'est-ce pas énorme ?

30 novembre.

Une amie anglaise nous est arrivée d'outre-Manche. Elle porte un cache-cou en soie dont les extrémités mélangent les couleurs belges aux couleurs françaises. Elle vient tout droit de Hull, là-bas, dans le nord de la Grande-Bretagne. Elle est partie, chargée de lainages, flanelles, linge, et en a fait à Paris une utile distribution. Un ballot fut mis de côté pour Senlis. Elle a secouru des Belges. Ici, elle s'inquiète des incendiés. Cette bonne anglicane rend avec nous visite à l'Archiprêtre et lui remet le colis réservé à sa pauvre ville. Puis elle veut tout voir : le champ de bataille, la place où le maire a été fusillé, l'endroit où les otages sont tombés, les trous des obus dans le clocher. Elle passe trois jours au milieu de nos ruines, et la voilà repartie pour Hull. Elle est venue juger par elle-même, faire le bien par elle-même. Je lui ai offert un souvenir. Un soldat m'avait donné une cartouchière ramassée sur le champ de bataille de Drouy-la-Ramée, la cartouchière du nommé Kalisch, soldat de Guillaume II. L'étiquette de cet objet d'équipement était ainsi rédigée :

Musketier
Kalisch
6 Komp. Inf. Regt 20

Que fut ce Kalisch et qu'est-il devenu ? Miss W... a emporté sa boîte à cartouches en Angleterre avec six balles de shrapnells ramassées dans les galeries de la cathédrale de Senlis. Des rubis de Golconde, sur écrin de velours, lui auraient fait moins de plaisir.

1er décembre.

Décembre ! L'année s'achève. Quelle année ! Je refais en esprit le chemin parcouru depuis juillet. Un calvaire victorieux ! Mais combien de temps resterons-nous sur le Golgotha ? Combien de temps le Droit sera-t-il crucifié par le Crime ? Nous attendons de ressusciter dans le triomphe de nos armes. Le combat n'est plus qu'un siège. L'Allemagne proclame : « Nous assiégeons la forteresse France. » Impudence ! La Civilisation assiège la forteresse Barbarie. L'ennemi, par un coup de force et de traîtrise, s'est étendu un peu au delà de ses frontières. Il se cramponne aux lambeaux de terre que sa félonie a passagèrement conquis. Il les creuse et s'y cache, tremblant de rage : il a été battu. En face de lui, nous sommes terrés aussi; mais le sol vibre d'héroïsme : nous avons vaincu. Patience !

Sur le front oriental, l'action a plus de mouvement. C'est si loin cependant, et les pays nous sont si peu connus, que nous ne pouvons suivre et comprendre que les grands rythmes de la mêlée.

Noter, au jour le jour, la succession des événements devient aride. L'esprit s'immobilise, lui aussi, dans l'attente des solutions.

4 décembre.

La Maison du passeur... Titre de roman. Il faudrait Balzac racontant l'épopée des Flandres, pour décrire cette Maison du passeur qu'on se dispute au bord de l'Yser.

Elle a vu couler autant de sang que d'eau. Singulière fortune que celle de certains lieux, hier paisibles, inconnus, et qui, tout d'un coup, entrent dans la grande histoire. Cet humble logis, au bord d'un petit fleuve pacifique, marque le sommet d'un des plus formidables élans de la fureur humaine vers le désir de vaincre, d'abattre un ennemi.

On imagine une construction basse, aux murs blanchis à la chaux, aux fenêtres à petits carreaux derrière lesquelles s'alignent, sous les rideaux relevés, des pots de géranium. Une vigne-vierge, joie de l'été, accroche jusqu'aux tuiles du toit ses lianes, à présent dépourvues de feuilles. La porte ouverte, on aperçoit une salle basse, carrelée, où tout est propre. Aux beaux jours, le soir venu, le passeur et sa femme, assis sur un banc rustique, regardent, sans parler, le paysage plat, la plaine verte; leurs enfants jouent entre le fleuve et la maison. Pas d'existence plus calme dans un milieu plus indifférent. Seul, un Ruysdaël, survenant, regarderait cette petite maison isolée, sentinelle de l'eau, et s'attendrirait de son humilité dans cette solitude. Elle est glorieuse, aujourd'hui, et n'en sait rien. Dans cent ans, deux cents ans, plus tard, encore, lorsqu'il sera question de la bataille des Flandres, second échec décisif de la Germanie se ruant sur le monde latin, et battue aux rives de l'Yser, après l'avoir été sur la Marne, on parlera de la Maison du Passeur.

11 décembre.

« Rien d'important à signaler entre la mer et l'Oise. »

Vit-on jamais pareil libellé dans un compte rendu de bataille ?

On pourrait aussi bien dire : « Rien de changé entre la Manche et les Vosges. » Sur des centaines de kilomètres, on se guette, on se prépare, on attend. L'événement sera formidable. Deux empires crouleront ; l'Europe sera renouvelée; le monde entier changé. Les limites du combat disent sa prodigieuse étendue et présagent ses conséquences. Sans doute, Xerxès incendia Athènes; sans doute, Alexandre vint jusqu'à l'Inde; sans doute, César parcourut les Gaules, et Napoléon entra dans Moscou; mais, en aucun temps, une action de guerre soutenue ne prit pour bornes les limites mêmes d'un grand pays, et non seulement les limites d'un grand pays, mais les limites de plusieurs grands pays, puisque sur le front oriental, comme sur le front occidental, les peuples latins et philo-latins luttent contre les Austro-Germains. Et quelle différence d'effectifs! Laissons de côté les fables d'Hérodote sur l'armée de Xerxès; on sait à peu près exactement l'effectif des troupes d'Alexandre, partant en guerre contre Darius : 30.000 hommes d'infanterie et 5.000 chevaux. L'antiquité eut à bon compte la gloire militaire.

14 décembre.

Victoire serbe. Vingt-huit mille prisonniers, soixante-dix canons, force mitrailleuses, drapeaux et étentards. La leçon est terrible pour Vienne et Budapest. Les Autrichiens sont en fuite. Penser qu'après tant de préparatifs, avec tant de moyens et l'appui de l'Allemagne, l'Autriche-Hongrie ne peut pas vaincre la Serbie, l'écraser, l'enchaîner, il y a là une promesse de victoire totale, slavo-latine, qui doit faire trembler les Austro-Allemands.

Le Monténégro, lui aussi, est vainqueur et met en déroute des forces autrichiennes. Notre tour viendra.

15 décembre.

Joie. Un régiment que j'aime entre tous est passagèrement au repos, entre Saint-Pol et Arras. Repos, c'est une façon de parler, si près du front. Au lendemain des journées immortelles de l'Yser, succédant à cinq mois de combats et de chevauchées, ce repos, c'est du travail de toutes les heures pour s'entraîner à de nouvelles luttes et y reparaître réapprovisionné, rééquipé, refait.

Toutefois, ce n'est plus la tranchée, l'arrosage des « marmites » ; c'est le calme d'un village de l'arrière, presque la paix. Le canon qui gronde du côté d'Arras n'est que l'écho d'un tonnerre lointain.

Allons voir nos amis et les féliciter.

Il faut un laissez-passer spécial. A la station d'où je gagnerai le village occupé par les braves que je veux voir, veillent des gendarmes impitoyables. Deux jeunes femmes, qui partagent mon compartiment, m'ont raconté leurs malheurs. Arrivées la veille, elles ont dû se rendre à Boulogne pour obtenir le papier nécessaire et, faute de place dans un hôtel convenable, rester la nuit entière sur des chaises, dans un coin de gare. Elles sont défaites, jolies pourtant, jeunes en tout cas et point farouches. Un certain régiment de dragons, voisin de celui qui m'intéresse, inspire leur sollicitude. Heureux dragons que d'aussi charmantes et intrépides compagnes vont visiter presque sous le feu. Je leur confesse que je n'ai point l'autorisation nécessaire.

— Vous ne passerez pas, monsieur.

Elles ignorent qu'un journaliste a plus d'un tour dans son sac. Je cherche et trouve dans une poche une vieille carte du mois d'août, la carte verte que l'on délivrait, au Ministère de l'Intérieur, pour sortir de Paris en automobile. Son en-tête est imposant :

MINISTÈRE DE LA GUERRE

DIRECTION DE LA SURETÉ GÉNÉRALE

puis la mention : *Laissez circuler librement*, » etc...

Je mets cette carte dans mon portefeuille, les deux premières lignes étant seules visibles, ainsi qu'un vague cachet officiel. Nous arrivons. Je présente mon bout de carton au gendarme. Il salue, je passe et je l'entends chicaner les deux jolies femmes sur l'authenticité des papiers qui leur ont coûté tant de peines.

Soyez donc en règle !

16 décembre.

Il pleut. L'averse est implacable. Le ciel semble pleurer sur la terre et ne pas devoir se consoler, tellement il est triste, obscur, affaissé. La nuit en descend plus vite.

Je cantonne. Décor : salle d'école transformée en salle à manger ; carrelage, table, chaises, murs nus. Dans la pièce à côté, deux gaillards dégourdis ont installé la cuisine, et composent un de ces repas qui affirment que le génie des potages, des rôtis et des sauces est inné chez les Français. Ce soir, gala. On fête le « civil » ami. Voici le colonel. A table ! Tout de suite la causerie a cette simplicité, cette franchise, cette variété qui caractérisent les réunions d'officiers dans la cavalerie. Je veux avoir des détails. Chacun des chefs qui m'environnent a fait la retraite de Belgique, la bataille de la Marne, les journées de l'Yser. C'est à qui ne parlera point de soi. Mais qu'un mot donne l'occasion de s'étendre sur la valeur des hommes, le mérite des sous-officiers, les qualités des chevaux, alors les anecdotes abondent. Le colonel sourit, approuvant de la tête, heureux des sentiments dont témoignent ses subordonnés. Puis, c'est moi que l'on presse de questions. Mais je ne sais rien. Vaticiner, supposer, à quoi bon ? Rapporter les bruits des rédactions et de la Chambre? Ce serait blasphémer dans cette humble salle, où tout rayonne de courage, de devoir et de chevalerie. Alors la causerie prend un tour littéraire, et longtemps il n'est question que des écrivains de tradition : M. Bourget, M. Barrès, M. Bazin. On les retrouve dans les opinions et les espérances des vaillants qui m'entourent.

Ils sont innombrables, les officiers et soldats qui les ont lus et qui ont pris d'eux les convictions qui, dans la lutte, les soutiennent. Est-il, pour des auteurs, une plus belle récompense?

17 décembre.

On n'entend aucun bruit de canon. Le train qui me ramène est arrêté dans une petite gare avant Amiens. Ma pensée reste au cantonnement que j'ai quitté, il y a deux heures. Poignante impression que celle d'étreindre des mains qu'une implacable destinée détache des nôtres ! Se sentir éloigné par le sort de ce qui est à soi, de ce qui est votre propre cœur, ne plus l'avoir, ne plus le regarder, fuir vite pour ne point paraître remarquer l'émotion dont soi-même on est envahi, c'est un sentiment particulier au temps de guerre et, spécialement, à cette guerre étrange qui nous permet, presque en pleine bataille, de revoir, un moment, ceux que, tout à l'heure, le combat va reprendre. Nous qui sommes condamnés à rester hors de la mêlée, nous sentons quelque chose s'arracher alors de notre être. En temps de paix, toute séparation, même éternelle, est une peine morale limitée à l'esprit. Dans l'adieu de la guerre, le déchirement s'accroît d'une souffrance physique. On laisse derrière soi de sa chair vivante.

20 décembre.

Voici des gens que j'ai vus, à Paris, pessimistes, hargneux, insupportables pour tout dire. Braves gens cependant ; mais, par leur situation, inféodés à la politique, orientés vers la Chambre. J'y passe, le matin. Ils viennent de lire les journaux. Les nouvelles sont excellentes. On a gagné du terrain en avant de Dixmude, en avant d'Ypres, du côté de Lille. Bref, un communiqué brillant. Tout est changé chez mes amis. Le moindre air de victoire est comme un oxygène vivifiant. Pas la moindre allusion à la stratégie des parlementaires. Monsieur chantonne en se rasant, et j'entends sa femme donner des ordres fastueux pour le déjeuner.

21 décembre.

Lettre d'Italie : « Ne doutez pas de nous,

très cher ami. Oui, sans doute, S. A. le prince de Bulow reparaît au Pincio ; mais Sonnino est plus fin que lui. Il sait ce qu'il veut et il le veut bien. »

Curieuse partie à suivre, la partie Sonnino-Bulow. D'un côté, le Latin, d'ascendance orientale, israélite délié, expert, maître de lui, indépendant, universellement estimé pour son inattaquable probité; de l'autre, le Germain initié à l'Italie par son mariage avec une Minghetti ; souple, autant que peut l'être un Prussien lettré, habitué à servir et qui a passé sa vie en courbettes, amabilités, calculs, intrigues, mensonges des chancelleries allemandes. Chez l'Italien, une vue claire et nette des choses; chez l'Allemand, des vues obscures et embrouillées.

22 décembre.

L'attention du pays, aujourd'hui, s'est détournée du front pour écouter le Parlement réuni passagèrement. Nous pouvions craindre... Nous aurions eu tort. Belle séance ; même tenue qu'au 4 août. Discours éloquents. S'ils ne l'étaient pas, quand le seraient-ils ? M. Deschanel a brillé, et M. Viviani a remplacé les étoiles. Je veux dire qu'il a vu les choses de haut et reconnu que « le gouvernement ne fut certes pas exempt d'erreurs ». Sur quoi, pour finir, un couplet bien rythmé : « Continuons à n'avoir qu'une seule âme, et, demain, dans la paix de la victoire, restitués à la liberté aujourd'hui volontairement enchaînée de nos opinions, nous nous rappellerons avec fierté ces jours tragiques — car ils nous auront faits plus vaillants et meilleurs. »

Pour mon humble part, je ne demande pas mieux ; je serai même charmé d'être plus vaillant et meilleur.

23 décembre.

M. de Bulow est donc à Rome ! Il serait surprenant qu'il réussît à empêcher l'Italie d'intervenir à son heure. Un soir, à la Wilhelmstrasse, reçu chez le Chancelier, je lui ai parlé. C'est un homme commun et qui se croit fin. Gros, grand, solide, épais, il se jugeait beau. Nulle distinction dans l'allure, encore moins dans le geste, la voix et le regard. Je l'ai vu à la tribune du Reichstag. J'entends trop mal l'allemand pour avoir pu apprécier l'esprit dont il faisait preuve ; mais, à l'observer, il donnait l'impression d'un commis-voyageur plaçant sa marchandise et très content de représenter une bonne maison, satisfait de lui-même et de l'article offert, sûr de convaincre l'acheteur qui, d'ailleurs, écoutait, bouche bée, l'œil brillant, tout ébaubi de découvrir un Allemand spirituel. *Rara avis.*

Gare aux désillusions. De l'esprit de la Sprée à celui du Tibre, il y a loin.

24 décembre.

Nous passons notre temps à faire des appels aux balkaniques, et c'est maladroit. Comment croire que nos articles décideront les Grecs, les Bulgares, les Roumains ? Les uns et les autres cherchent leur intérêt. Il est à craindre que nos opinions contradictoires, nos conseils successifs ne soient que des éléments de discussion entre eux et ne se retournent contre nous, car l'ennemi les exploite. Un silence digne serait le parti le plus habile. Pourquoi, dans le péril le plus grand de notre histoire, aucune direction de politique étrangère ne vient-elle du gouvernement aux journaux ? Dès le début de la guerre, on a fait appel au patriotisme des directeurs de quotidiens, puis on les a soumis au régime de la censure. On s'en tient à cette action oppressive. Il n'y a pas de rapports directs et suivis, faits d'une commune confiance, d'une égale cordialité, entre le quai d'Orsay et la presse. Dieu sait pourtant si le patriotisme des journaux est grand, et s'il suffirait d'un peu de bonne grâce pour tirer d'eux le meilleur parti.

25 décembre.

Magnifique journée tissée de soleil. Nouvelles rassurantes du front, ou, plutôt, pas de nouvelles. Toujours la même chose ou à peu près. On hiverne. On attend Avril. Mais il n'y a pas de trêve de Dieu, et la nuit de la Nativité a vu, çà et là, des chrétiens s'entr'égorger.

J'ai reçu de Hollande une carte postale qui représente les rois Mages sous les traits de Guillaume II, de François-Joseph et du Sultan, offrant à l'Enfant-Jésus, au lieu de la myrrhe et de l'encens, des obus et des glaives.

31 décembre.

L'année finit dans le sang; son crépuscule est fait de lueurs d'incendie. L'Europe se consume, la société expire. Des hommes qui, dans d'autres temps, auraient pu s'aimer fraternellement, se haïssent, s'entretuent, croyant, les uns et les autres, se sacrifier à leur patrie. Misère de l'être humain, inanité de nos rêves, chimère du progrès : tel est le bilan de 1914. Si, du moins, demain, nous pouvions être meilleurs ? Peut-être... Car tant de sacrifices, tant d'héroïsmes consentis par ceux qui vivaient pour la paix et l'amour, et non pour la guerre et la haine, ne sauraient être vains.

1915

1er janvier.

Premier jour de l'an, que nous apportes-tu ? Que cache ton ciel gris ? Nous voudrions connaître l'avenir. La mélancolie habite nos âmes. Nous comptons ceux des nôtres qui manquent à la table familiale, et nous pensons aux maisons où le père, l'époux, le fils ne reparaîtront plus. Les heures s'écoulent, pesantes.

C'est une vie triste, celle de ceux qui ne se battent pas. Ils n'ont pas l'ivresse de la bataille et l'exemple de l'héroïsme. Tout ce qui n'est pas l'armée manque à présent d'intérêt et de grandeur.

Quels vœux faire ? Un seul jaillit de nous-mêmes : la victoire. Je n'en ai guère entendu d'autre, quel que fut le rang, le caractère, l'éducation de qui j'écoutais. Nulle faiblesse non plus ; le sacrifice total est, d'instinct, consenti. L'oreille tendue vers les tranchées, la France est belle d'espérance, de décision et de calme.

3 janvier.

« Situation inchangée. » Nous connaissons l'antienne. Espérons le printemps. Pour l'heure, occupons-nous du « paquet ».

Le paquet ! Création nouvelle. Le paquet du soldat, quelle affaire ! Les jours où je vais à Paris, j'en vois un tas à la gare. Chacun d'eux est cousu de toile, l'adresse tracée d'une grosse écriture appliquée, maladroite et qui s'est visiblement efforcée de se conformer au modèle affiché à la poste et à la mairie. Arrivera-t-il, le paquet ? Je lis de l'incertitude dans les yeux des expéditrices. Plus d'une m'a questionné :

— Croyez-vous, monsieur, que...

— Mais oui, mais oui, soyez tranquille, le paquet arrivera.

J'ai vu déjà faire bien des expéditions : lainages, douceurs, lectures. La merveille est que chaque envoi emporte un brimborion, une babiole, un rien qui, pour le destinataire, est plein de sens et lui rend vraiment, là-bas, dans le froid, dans la boue, dans la neige, sous les balles et les obus, la sensation que tout ce qu'il aime est près de lui.

Le paquet du prisonnier est le plus touchant. Parfois, rien qu'une miche...

5 janvier.

Viendront, viendront pas... Il s'agit des Japonais. Quelle belle occasion de nous taire nous perdons, en discutant un problème qui dépend essentiellement des diplomates. Nous ne pouvons que les gêner par le tapage inconsidéré auquel nous nous livrons. La question est des plus complexes. D'abord trois difficultés énormes : le temps, l'espace, l'argent. Ne parlons que de l'argent. Pour avoir cinq cent mille Japonais, il faut compter, au bas mot, cinq milliards. Où les prendre ? Qui nous dit, d'ailleurs, que les Japonais veulent et peuvent faire plus que de tenir Kiao-Tchéou ? Le Parlement de Tokio a été dissous, parce qu'il refusait de voter les crédits nécessaires à l'occupation de la Corée. Enfin que demande ou que demanderait le Japon et que pourrait-on lui donner ? Il serait heureux, dit-on, d'avoir Sakhaline. Mais qu'en pensent les Russes ? « Nous lui offririons l'Indo-Chine », écrit négligemment un parlementaire que l'on voit, d'ici, au café de son chef-lieu de canton, refaire la carte du monde entre deux bocks. A-t-il idée seulement de la distance qui sépare l'Indo-Chine de l'Empire du Soleil levant ? Se doute-t-il des raisons que le Japon peut avoir de ne pas se charger de cette colonie, sans parler de celles que nous avons de la conserver ? Sait-il, au surplus, qu'il existe une Angleterre et des États-Unis installés, l'une aux Indes, l'autre aux Philippines, et que ces deux puissances auraient, en l'occurrence, quelque chose à dire ?

Mille raisons conseillent de laisser discuter l'intervention japonaise à ceux-là seuls dont c'est le métier.

10 janvier.

J'ai en face de moi un homme d'une trentaine d'années que je connais pour l'avoir entrevu à Bruxelles. Il ouvre son portefeuille et en tire un minuscule papier plié, pressé, réduit. Il le déplie. Cela fait une bande d'environ quinze centimètres de haut sur deux de large. Elle est, d'un bout à l'autre, noircie d'une écriture serrée : un ami belge me recommande son compatriote, porteur de ce billet de guerre, et me donne, en termes cabalistiques, crainte d'accident, des nouvelles de la Belgique. Elle tient bon. Un passage m'enchante : « Dites bien à la famille du Manet que nous l'attendons au premier jour. » Parfait. La famille Pitou viendra aussi !

— Quand je suis sorti de Bruxelles, raconte le porteur, j'avais huit lettres comme celle-ci cousues dans la doublure de mon pardessus. On m'a fouillé, tâté, retourné, mais vainement. J'ai eu pourtant à me débattre avec un vieux sous-officier qui écoutait si aucun craquement ou froissement ne révélait des papiers dissimulés. Je m'étais méfié. Ça coûte cher, si on est pris, et je tenais à passer en Hollande.

Venir de Belgique en France est toute une odyssée. Combien sont-ils qui risquent ainsi leur liberté, sinon leur vie ? Beaucoup, et ceux qui restent ne faiblissent pas.

13 janvier.

Alarme. Nous avons tenté, au nord de Soissons, une action qui devait se développer. Une crue de l'Aisne a compromis le ravitaillement des troupes engagées. Elles ont dû reculer, perdant des canons et des prisonniers. C'est un succès pour l'ennemi qui va crier au triomphe. Le bruit a couru, tantôt, à Chantilly, que les Allemands tenaient Soissons. Mensonge ! Mais, de proche en proche, la nouvelle d'une avance possible de l'ennemi s'est propagée. Eh bien ! à Senlis, l'émoi n'a pas été vif. Scepticisme, peut-être. Autre chose aussi, d'une importance extrême : chacun, maintenant, est persuadé que le conquérant est prisonnier de sa conquête. Il ne peut avancer ni reculer. On l'a cloué au sol ; il y restera. Qu'en se débattant, il gagne, ça et là, passagèrement, un lambeau de terrain, c'est possible. Tant pis pour nous, si rapprochés. Mais qu'il écrase la France... Non, il ne l'écrasera pas.

14 janvier.

La terre a tremblé en Italie. L'ossature même s'est soulevée : des cités apennines sont en ruines. Notre fraternelle compassion s'émeut de ce malheur latin. Ceux qui réfléchissent, même incrédules, peuvent voir là un signe mystérieux.

Bulwer Lytton met en scène, dans *les Derniers Jours de Pompéi*, une sorcière du Vésuve, qui annonce à Glaucus, héros du roman, l'imminence de l'éruption dévastatrice :

« L'enfer est sous nos pieds... Les êtres ténébreux d'ici-bas vous menacent de leur colère, vous qui habitez là-haut... »

Puisque rien n'arrive sans cause, au dire de Leibniz — que les Allemands d'aujourd'hui stupéfieraient d'horreur — et que tout s'enchaîne, quelle est la corrélation possible entre ce redoutable frisson de « l'épine dorsale italienne » et la fièvre d'incertitude qui, d'un bout à l'autre de la Péninsule, secoue ses habitants ? Est-ce que les êtres ténébreux des régions souterraines du feu ne s'impatientent pas ? Ils ont les secrets des morts : ceux du *Risorgimento* s'agitent dans leurs tombes. Ce tremblement de terre ne signifie-t-il point : « Quand l'Italie marchera-t-elle ? »

15 janvier.

Nous progressons en Alsace. Chaque pouce de terrain, repris par nos soldats, qui le tiennent maintenant pour le garder, nous donne l'impression physique de l'agrandissement de la patrie. Le poids que nous sentions peser sur nous depuis quarante-quatre ans se fait tous les jours plus léger. Nous discutons déjà (c'est bien tôt !) les conditions de vie nationale de l'Alsace-Lorraine redevenue française. Ne conviendrait-il pas de laisser nos frères alsaciens nous dire d'abord ce qu'ils attendent de nous ?

Je suis frappé des observations que présente, à ce sujet, dans la chronique du *Correspondant*, un esprit des plus distingués, qui signe modestement « Intérim, » et sait juger les choses du point de vue de la sagesse et de la raison. Il discute *le Temps* disant :

« Certes, les populations d'Alsace-Lorraine ont leur physionomie propre, leur personnalité, leurs goûts, leurs coutumes, que nous avons le devoir de respecter; mais c'est le cas des populations de toutes les régions de notre France... On leur doit une sollicitude particulière, une administration fortement imprégnée de leur mentalité; des agents de l'État choisis avec discernement et naturellement soucieux de ménager toutes les susceptibilités... Du tact dans les relations avec les populations et du doigté dans l'application des mesures administratives préviennent sûrement tous les heurts et toutes les erreurs politiques. »

Des mots, des mots !

« Ou l'on traitera l'Alsace-Lorraine, observe « Intérim » avec le même discernement, le même tact, le même doigté que « toutes les régions de notre France » — et alors c'est une expérience à faire frémir ! — ou l'on traitera toutes les régions de la France avec le discernement, le tact et le doigté que l'on déclare indispensables pour l'Alsace-Lorraine, et alors ce sera le renouveau sauveur, le foyer national accueillant les exilés de toutes les guerres autour de la flamme purifiante qui consumera les pièges et les préjugés du passé. »

Fortes paroles qui présentent sous son vrai jour la difficulté de la réadaptation à la France de plus de deux millions d'Alsaciens-Lorrains gardant depuis près d'un demi-siècle, plus forte que jamais sous la férule allemande, la foi des ancêtres, pour retrouver en elle ce goût de liberté et d'humanité qui leur était venu de France, — d'une France respectueuse des traditions et du droit de l'homme d'honorer Dieu.

23 janvier.

La situation reste stagnante. Plus rien des Serbes. L'Italie ? On ne sait pas. Les Turcs ? Il faut attendre. Les Russes ? Un va-et-vient terrible sur la glace et dans la neige. C'est tantôt bon, tantôt mauvais. Ce sera long, très long. Chez nous aussi. Nous piétinons héroïquement dans la boue glaciale des tranchées.

L'inertie de l'attente, triste lot de ceux qui ne combattent pas, affaiblit l'âme. Il faut la fortifier par des lectures appropriées aux circonstances. Je viens de vivre trois jours avec un écrivain belge que je ne connaissais que de nom, M. Henry Carton de Wiart, le romancier de la *Cité ardente* et des *Vertus bourgeoises.* Beaux livres. Leur mérite est d'éclairer jusque dans ses retraits obscurs, la formation d'une mentalité dont la force de résistance fait l'admiration du monde et nous impose une éternelle gratitude. Je les aime l'un et l'autre pour l'amour du détail, qui prouve toujours la probité d'un artiste. Chez M. Carton de Wiart, le ton d'observation se joint au respect de Dieu et de la Patrie ; mais même où perce le poète, prêtre de l'idéal, il ne s'égare point dans des régions nuageuses ; il ne s'enivre pas d'espace et d'air pur. Si haut qu'il soit, il garde sa direction et établit son œuvre sur une donnée saine, conduite avec méthode et soutenue d'un effort constant.

Pas de lecture plus salutaire en de pareils jours. Réconforté, je note en détail mon impression de lecteur et cela fait un article de revue (1).

1. V. *Revue hebdomadaire* du 13 février.

29 janvier.

Senlis, lieu de passage de troupes, à proximité du front, s'ouvre, de plein cœur, aux officiers et aux soldats. On en a sans cesse à loger. Encore une charge que les régions de France, éloignées de la bataille, ne connaissent pas. C'est la plus légère. Disons même que nous avons quelque fierté d'être ainsi associés à la guerre. Il est très doux, d'ailleurs, d'exercer l'hospitalité. Si n'était le tragique de la cause, on serait joyeux d'abriter des soldats. Chacun fait donc ce qu'il peut. J'ai vu, je vois défiler des officiers et leurs ordonnances, et, comme partout, on s'efforce de leur donner l'illusion qu'ils sont chez eux.

La place ne manque pas en province. L'hôte a ses aises. Il se repose sans être troublé. Voyons au moins si rien ne cloche... Quand le logis est vide de son habitant occasionnel, on y passe rapidement. Nul oubli? Tout est bien. C'est parfait. Mais qu'est-ce là ? Des portraits d'enfants. Et ce livre ? Les poésies de Déroulède. Chance ! L'hôte d'aujourd'hui est un homme de famille et de tradition.

Ainsi, malgré soi, l'on découvre quelque chose de l'intimité de l'inconnu que l'on a déjà classé, dès l'accueil. Active ? Réserve ? Territoriale ? Marié ? Pas marié ? Quelle éducation ? Quel monde ? L'idée première se confirme ou se modifie, rien que par ce coup d'œil jeté derrière la fidèle domestique, qui n'a pas foi dans les seuls talents de l'ordonnance de l'officier.

1er février.

L'hiver, le dur hiver retarde encore plus les événements décisifs sur le front oriental que sur le front occidental. Il les aggrave aussi. La Galicie et le « Royaume » sont dévastés sur une étendue considérable.

Un grand écrivain et un grand musicien, Sienkiewicz et Paderewski, se sont unis pour solliciter les secours de la charité internationale. Tous deux partent, le bâton du pèlerin en main.

En Pologne russe, plus de 200 villes et bourgs et plus de 9.000 villages ont été ravagés; en Galicie, 100 villes et bourgs et 6.000 villages ont connu le même sort. Ici et là le cheptel a disparu, les fourrages ont été enlevés, l'agriculture est ruinée. Voici la dévastation, la famine, la mort sur environ 200.000 kilomètres carrés; près de 20 millions d'habitants se trouvent condamnés aux plus affreuses souffrances, au milieu des débris de leur prospérité.

L'infortunée Pologne, marche slave vouée au martyre, littéralement écartelée tour à tour par les Russes et les Austro-Germains, ne sachant qui combattre et quel est vraiment son ennemi, crie à la France : « Entends-moi, secours-moi; je t'aime. Je t'ai toujours aimée, comprise, admirée, exaltée. » Hélas ! nos propres souffrances nous absorbent. Politiquement, nous avons cependant le devoir de venir en aide à la Pologne meurtrie dans son âme autant que dans ses biens.

Il est de notre intérêt de parler d'elle à la Russie, de défendre ses libertés morales, de se soucier de leur avenir. Être champion du droit et de la justice, c'est l'être sur tous les terrains, et ne pas craindre de dire la vérité à ses amis quand ils se trompent.

La Pologne a beaucoup souffert de l'orthodoxie, qui n'a pas vu que si Guillaume II entrait jamais à Varsovie, il proclamerait, lui aussi, la restauration de l'ancien État polonais et lui garantirait cette liberté religieuse que le Saint-Synode n'a pas favorisée.

Quel danger !

3 février.

Un roulement d'auto, un timbre qui résonne, un bruit de porte ouverte, une exclamation étouffée, un pas hâtif dans le vestibule, puis, de l'étage supérieur, une dégringolade rapide, des cris contenus, des mots sans suite, deux, trois, quatre personnes enveloppant, en tourbillon, quelque chose de bleu, de hâlé, de riant, avec du rouge aux joues et des larmes aux yeux! — telle est l'arrivée de notre soldat, survenant à l'improviste, entre deux batailles, bien vivant, bien intact, bronzé, trempé, durci. C'est toujours lui et c'est aussi quelqu'un de nouveau qui était dans son cœur, dans son sang et qui a pris forme extérieure. Où est le civil d'il y a un an? Disparu, envolé. Plus d'autre souci que celui du devoir au combat; point d'autre pensée que le salut de la patrie. Tout ce qui se dit à présent de familial, d'abandonné, d'intime, se ramène à la tragédie et, sans efforts, atteint au plus haut de l'impérieuse nécessité.

Rare fortune que de le revoir quelques heures. La proximité de la lutte donne ainsi à des mères, épouses, sœurs, des régions voisines du front, une possibilité de rencontre avec le combattant, qui est leur force guerrière en action dans l'union de toutes les forces nationales. Singularité bénie de cette longue guerre, privilège du voisinage de l'ennemi, précieuse compensation aux épreuves de notre constante association à la bataille.

Ne vaut-il pas mieux être là que dans le Midi.

J'avais vu notre militaire. Mais les autres... Car il y a « des autres » dans chaque famille, « des autres » que les circonstances ou l'âge retiennent et qui ne se déplacent point ; leur vie est faite, le plus souvent, d'échos et de reflets. Aujourd'hui, chacun de nous contemple, admire, étreint, embrasse le soldat. Il raconte les détails que ses lettres n'ont point donnés, les faits qui prennent vie, de par le caractère même du récit et du narrateur. On imaginait ; maintenant on assiste. Le temps passe vite. Déjà le moment du départ. L'auto corne dans la rue. D'où revenons-nous ? De la retraite de Belgique, de l'épopée de la Marne et de l'Yser. Et nous sommes transformés, nous aussi. Des volontés, des ardeurs se sont emparés de nous et nous font différents et plus braves. Et jusqu'au moment où l'auto a disparu au tournant du chemin, nos visages ont exprimé la confiance et le bonheur.

5 février.

Ah ! si Paul-Louis vivait encore, nous aurions, demain, la *Pétition des villageois qu'on empêche de prier pour la paix.* Le gouvernement vient de prendre peur du Pape. Aussitôt, gendarmes d'accourir. La patrie était en danger pour de bon.

Le Souverain Pontife a prescrit aux catholiques une invocation pacifique dont il est l'auteur. Pieux travail, touchante pensée, direz-vous. Mais vous ne savez pas tout ce que le Vatican peut cacher dans une prière : l'enfoncement de nos lignes, le rapt du généralissime, un débarquement sur les côtes anglaises, et combien d'autres effroyables calamités !

L'émoi a donc été vif dans les « sphères officielles, » et rien qu'à Senlis nous en avons su quelque chose. Tantôt, notre vénérable archiprêtre était chez lui, s'occupant des réfugiés, des incendiés, des mille soins qui l'absorbent. On sonne. Sa vieille bonne ouvre et reste toute ébouriffée : le commissaire et le capitaine de gendarmerie se dressent, sévères ; que dis-je ! farouches. Ils ont ordre de saisir la prière pour la paix.

Ah ! ces choses-là ne s'inventent pas. Saisir une prière au nom de la loi et par mandat de justice, c'est plus beau que l'histoire des paroles gelées et dégelées, telle qu'elle se trouve au *Quart livre des faicts et dictz héroïques du noble Pantagruel, composée par M. François Rabelais.*

Rien n'est petit dans cette guerre, pas même le ridicule, et, du premier coup, le Ministère a tiré sur Rome avec du « 420 ».

Le bon et très aimé curé de Senlis a reçu tranquillement la force armée. Je ne sais trop ce qu'il a répondu aux questions qui lui ont été posées. Il a dû passer quelques minutes savoureuses. Le commissaire et l'officier de gendarmerie n'avaient pris, sans doute, leur air des jours de crime, que pour dissimuler une violente envie de rire des ordres de l'autorité supérieure. Ils sont partis, rassurés sur les intentions du Saint-

Siège et la solidité du Valois. Nul de nous, ici, n'attend de S. S. Benoît XV un encouragement à l'abandon de notre poste devant l'ennemi. Nul de nous n'imagine que le Pape conspire contre la France en voulant que les catholiques invoquent le Dieu de la Paix. S'il n'ordonnait des prières pacificatrices, qu'ordonnerait-il ?

Vraiment, la politique est le seul métier que l'on puisse exercer sans en connaître aucun. On ne pouvait trouver que des politiciens pour se persuader que le Souverain Pontife manque à sa tâche en priant et en souhaitant que les fidèles prient.

Le Ministère compte des hommes intelligents. Où étaient-ils, lorsque fut prescrite la mobilisation des gendarmes contre la prière pour la paix ?

18 février.

Grand émoi. L'Allemagne prétend bloquer l'Angleterre avec ses sous-marins. Elle annonce officiellement que les eaux qui environnent la Grande-Bretagne sont interdites. Elle coulera qui bon lui semblera « sans avis préalable » — les neutres comme les autres.

D'honnêtes gens s'étonnent encore et crient à l'abomination. Ne dit-on pas aussi que les Germains arrosent de pétrole enflammé nos tranchées et celles des Anglais ? Nouvelle clameur ! Calmons-nous ! Rien de plus naturel. Tout cela est dans les bons auteurs d'outre-Rhin. Nous n'avions qu'à les lire et à nous tenir pour avertis.

Quant à l'histoire du blocus, c'est essentiellement du bluff et du chantage. Le sous-marin est, comme le zeppelin, une arme redoutable, mais dont l'emploi est malaisé. Il faut trop de circonstances favorables. Son efficacité militaire est souvent réduite à rien. En revanche, s'il n'est pas toujours bon pour la bataille, il peut parfois être bon pour le crime.

Si l'Allemagne ne peut qu'être criminelle et non pas victorieuse, ce n'est pas mauvais pour nous. Ses bateaux cachés couleront, par-ci, par-là, quelques navires... Et après? L'Angleterre n'en mourra pas, les Alliés encore moins, et le contre-coup de ces excès sera désastreux pour les Germains.

19 février.

A la nouvelle que nous tirions le canon aux Dardanelles, près du tombeau d'Achille, j'ai repris mon ami, P.-J. Bitaubé. M. Paul-Jérémie Bitaubé naquit à Kœnigsberg, en 1732, d'une famille de réformés, venue en Prusse, à la révocation de l'Édit de Nantes. Je lui ai, personnellement, beaucoup d'obligation. Il a publié une agréable traduction de l'*Iliade* et de l'*Odyssée*. C'est le moment de relire l'*Iliade*. Nous nous battons là même où fut Troie. O Hélène, aux bras blancs... O palais de Priam... O dieux de l'Olympe... O héros... O sage Ulysse, et vous, vénérable Nestor, vous voilà ramenés de l'arrière-plan des siècles au premier plan de l'actualité. Nous revenons à vous avec le bon M. Bitaubé. « Prussien de naissance, mais Français d'origine, M. Bitaubé était toujours Français par le cœur et par l'usage habituel d'une langue que Frédéric et tous les hommes instruits de son royaume préféraient à la leur. » Ainsi s'exprime M. Dacier, secrétaire perpétuel de l'Institut de France, louant le traducteur de l'*Iliade*, en juillet 1809.

Les Hohenzollern ont fait du chemin depuis le grand Frédéric. Mais il y a des choses charmantes dans la notice relative à M. Bitaubé, lequel eut l'art de « subordonner la marche et les formes hardies de la langue et de la poésie grecques à la réserve et à la circonspection de la langue française ».

Venu vivre parmi nous, il chanta la liberté, et, en 1793, ne fut pas « à l'abri de la fureur des hommes qu'elle avait déchaînés. Ils lui firent expier dans la prison l'erreur d'y avoir cru, et le crime de n'avoir pas applaudi et participé à ses excès ». Oui, dès le principe, il fut très dangereux d'être républicain.

Nonobstant les orages de son époque, le bon traducteur d'Homère fut de la première nomination des membres de la Légion d'honneur. « Aucun événement fâcheux ne troublait plus le calme de sa vie paisible et studieuse : car on ne peut appeler de ce nom le léger embarras que lui causa la nouvelle guerre déclarée entre la France et la Prusse. Si elle le priva pendant quelques instants des bienfaits du monarque prussien, ce ne fut que pour lui donner la satisfaction d'en être honorablement dédommagé par la munificence du vainqueur d'Iéna. »

Heureux âge où une guerre entre la France et la Prusse ne causait qu'un « léger embarras » à un Français devenu Prussien et à un Prussien redevenu Français.

20 février.

Le compte rendu officiel du détail des opérations en France, du 7 au 17 février, paru ce matin, est d'une conclusion intéressante :

« Par ses raids audacieux et par le travail méthodique des réglages du tir, l'aviation française s'est acquis une maîtrise et une supériorité incontestables. Dans le développement ultérieur des opérations, la quatrième arme sera certainement appelée à jouer un rôle considérable. »

Précieuse promesse et qui nous console des services limités qu'il est permis à nos sous-marins de nous rendre. Notre caractère est tel que nous excellons dans les entreprises qui exigent du courage individuel et ce qu'on peut appeler du tour de main. C'est pourquoi les armes délicates qui servent au combat sous les eaux nous conviennent particulièrement; et celles du combat dans les airs nous plaisent encore davantage : le sort les favorise mieux. Nous ne comptons plus les exploits de nos aviateurs. Nous n'avons pas à craindre l'Allemagne dans la guerre à travers l'espace; et puisqu'un avion est vite fait et un aviateur promptement formé, qu'attend-on pour rendre coup pour coup à un ennemi féroce? Les villes de la rive droite du Rhin sont à portée de nos oiseaux de guerre. Nous ne comprenons pas que chaque bombardement de Reims, d'Arras ou d'Ypres, détruits sans autre motif qu'une haine de bête sauvage, ne soit pas suivi d'une riposte.

Se décidera-t-on ?

21 février.

Étrange vie que la nôtre ! Le matin, rien n'existe avant les journaux. Les voici. On en lit un, on en lit deux, on en lit quatre, on les lit tous, et, dans chacun, on se prend à revenir au « communiqué », comme s'il pouvait varier d'une feuille à l'autre ! Le plus fort est que, malgré que l'on se souvienne parfaitement du dernier bulletin de la bataille, celui de 3 h. 15, on le relit intrépidement dans les journaux du matin, avant d'arriver à celui de 11 heures du soir. Les mêmes noms de villes ou de pays reparaissent avec une régularité désespérante : Arras, Reims, Argonne, Woëvre, Aisne, Champagne... Les mêmes termes aussi : « Pas d'action d'infanterie »... « Rien à signaler sur le reste du front... » Monotone période pour le bon civil qui a chez lui ses aises. Il s'impatiente : « A quoi pensent-ils, là-bas ? » Qu'il y aille donc voir.

Les journaux le lui conseillent éloquemment. Ils seront pour beaucoup dans la victoire finale. Jamais la presse n'a été plus utile, quoique imprudente aussi, quelquefois, par excès de patriotisme.

Le soir, il nous tarde d'entendre la trompette du porteur des feuilles de l'après-midi. Quand le communiqué est bon, il sonne en fanfare.

Le jour de *l'Illustration* est un événement, et, toute la semaine, le périodique est pris, repris, détaillé. Aujourd'hui, à l'heure du thé, j'entendais des rires. Quittant mon écritoire, j'ai trouvé, groupées sous la lumière d'une lampe, des jeunes filles amies, que mettait en joie la bataille de la Marne, par Hansi. Elles feuilletaient le beau numéro du grand illustré qui a l'art exceptionnel de publier des images synthétiques, expressives de la mentalité française ; puis, elles sont revenues à cette bataille de la Marne, et il a fallu que je leur parle de Hansi et de sa première exposition à Paris, en 1910, telle que je l'avais organisée pour le faire mieux connaître, et de mes visites à Colmar, et du vieux père du dessinateur alsacien, faisant aux Français les honneurs de la bibliothèque colmarienne et de ses précieux incunables. Elles m'écoutaient, tendant vers moi leurs jolis visages, émus d'un reflet d'amour pour l'Alsace.

22 février.

Tableau de Paris. Je passe boulevard Saint-Germain. Sonnerie de clairons, batterie de tambours; voilà des soldats. Des gens s'arrêtent, des gamins courent. Je me suis arrêté aussi. Trois coups de grosse caisse. La musique. Est-ce un régiment? Non, c'est seulement un bataillon de la garde républicaine, colonel en tête, qui revient, avec le drapeau, de l'enterrement du général de Grandmaison. Alors, du carrefour de l'Odéon jusqu'au boulevard Henri-IV, oubliant que je n'ai pas déjeuné et qu'il est midi archi-passé, j'accompagne la musique, les tambours, les clairons, la garde et le drapeau. Saine émotion d'un bond badaud de Paris, heureux de marcher au pas, à l'exemple des militaires, au milieu des trottins, des petits employés, des gens du peuple et de l'inévitable pâtissier, qui est là, devant moi, comme dans un conte de Daudet, sa banne sur la tête. Et voici, pour ajouter au convenu touchant de la scène, deux petits ramoneurs, non loin du pâtissier, — un Chocarne-Moreau de guerre.

Ah! ces pas redoublés, ces sonneries, ces roulements où l'on retrouve sa jeunesse, le temps où soi-même on servait, gardant le champ où d'autres, aujourd'hui, moissonnent. Dure moisson! Mais ce labeur terrible a changé le pays. Oh! ces visages de la foule, ces faces ardentes tournées vers les trois couleurs, ces regards de fierté jetés sur le colonel, superbe d'allure, véritable chef et qui comprend son Paris, car, passé le pont d'Austerlitz, avant que le bataillon rentre dans sa caserne, il l'arrête en plein boulevard, et fait rendre les honneurs au drapeau. Minute religieuse où tout ce qui est sur les trottoirs, de vivant et d'humain, communie dans le culte du symbole visible de la patrie.

FIN

TABLE ALPHABÉTIQUE

DES PERSONNES ET DES LIEUX CITÉS

F

G

H

I

J

K

L

M

N

O

P

Q

R

S

T

V

W

X

Y

Z

4170. — Tours, imprimerie E. Arrault et Cie.

DERNIÈRES PUBLICATIONS SUR LA GUERRE

4170. — Tours, imprimerie E. ARRAULT et Cie.

www.ingramcontent.com/pod-product-compliance
Ingram Content Group UK Ltd.
Pitfield, Milton Keynes, MK11 3LW, UK
UKHW022009170726
13837UKWH00001B/73

9 782019 999865